大展好書 好書大展

大展好書 好書大展

社會人智囊

13

人能信賴幾分？

淺野八郎 著
李玉瓊 譯

大展出版社有限公司

序文

「害人之心不可有、防人之心不可無」，這是警戒人不可妄信他人。但世間也有「人性本善」之說，它強調所有人都具有善根而非壞人。事實上沒有比無法相信他人更可悲的事。但真心所愛的人竟然是警方通緝中的詐欺慣犯，如此令人痛心疾首的事情何以會發生？又，穿著打扮寒酸且顯得消沉的人，竟然是心地善良且富有誠意的好人。這些令人匪夷所思的事情，再再地證明「第一印象」是如何地靠不住。

一般人只要看到長相端正、儀表整齊的人，無形中即以貌取人，認定其內在也如其外表。深信絕不受異性欺騙的女性，何以會因對方具有某種特殊才幹（如擅長外語）而輕易地受騙上當呢？在一對一的異性交往中隨時警戒行動的女性，卻在團體交往時鬆懈心防，因毫無防備而受到傷害。

今後是人際關係最令人感到頭痛的時代。如何與人相處、理解他人的心理，是每個人所背負的重要課題。有些人以為只要長時間交往必會漸漸地瞭解對方的優、缺點。但現今社會如此地忙碌，平常鮮少有充裕的時間好好地與人交談。我們必須在短時間內理解對方，並想辦法與對方有心靈上的溝通。一旦產生誤解，會惡性循環地延伸誤會，如原本以為彼此志氣相投，卻可能因誤會而失去對對方的信賴。相愛而結合的夫婦，婚後不到一個月即鬧離婚，甚至新婚旅行之後即攤牌表示要分手。

這些令人困惑、疑慮、傷感的事實，叫人無法十足地去信賴他人，同時也產生一個疑問：人彼此到底能信賴到什麼程度？

這個問題正是本書的主題。

換言之，本書的目的是再一次坦然地來反省人際關係中的奧妙與懸疑。

目 錄

第二章　一語道破！可信、不可信者的眞面貌

第三章　初次見面獲得認可吸引的秘密與方法

第四章　看穿情人的深層心理、測驗與問題

第五章　從瞭解掌握成功、解決人際關係的煩惱

第1章

測試被騙及騙人的心理

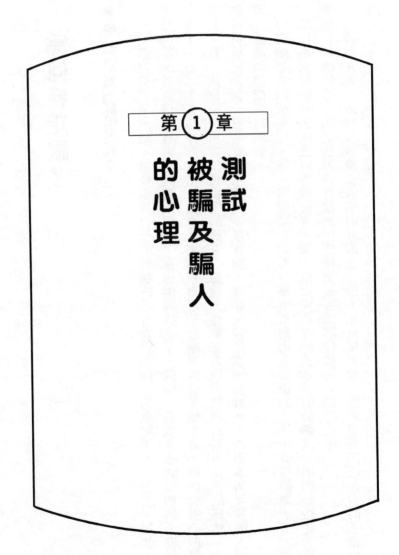

爲何看走眼？

◈你的注意力散漫嗎？

我們在觀察他人時，常會根據自己的經驗或憑外表做判斷，結果犯下重大過失。例如，某公司董事長自信具有卓越的觀人眼力，在自信過盛之下，信賴一名風度翩翩宛如紳士模樣的男子，而落入其票據詐欺中。沒有比常識或自己的經驗更容易受騙上當。根據美國心理學家F．H．歐爾伯特、吉爾佛特等的研究，據說光憑臉部表情很難判斷對方眞正的感情。吉爾佛特曾經針對十五名女學生進行一項實驗。實驗內容是讓她們看九十六張表情互異的人頭照，並揣測每個人的感情。

實驗分成四個階段，第一階段並不教導受驗者辨別臉孔表情的方法，直接揣測表情，第二階段是研究臉孔肌肉之後再做揣測，第三階段則教導她們表情的分類法，第四階段是教導表情分析的特殊方法之後再進行揣測，然後調查各個階段猜對表情的比率。

請看A表。即使懂得臉孔表情的分辨法之後，也只能對他人的感情有四成左右的正確判斷。

A表　臉孔表情可以揣測到什麼程度　命中率（百分比）

第一階段（瞭解臉孔分析法之前）	27%
第二階段（研究臉孔肌肉之後）	27%
第三階段（略懂分析法之後）	32%
第四階段（完全瞭解臉孔分析法之後）	39%

而經過各種臉孔表情研究之後也只有四成左右的命中率，所以，毫無分析他人臉孔以揣測感情之經驗的人，光憑臉孔是難以判斷對方的感情。

我們很容易因爲對方臉孔表情而產生誤解。根據美國心理學家的研究，據說以下的表情最容易令人產生誤解。這是以一三八二名學生爲對象所進行的實驗結果。

以B表的事實而言，當事者因工作不順遂而感到失望的時候，在旁人眼中卻認爲是陷入沉思或正計畫某個新的方案。同時，表現出輕視他人的態度卻反而被認爲是責備或表示反對意見的表情。

根據這些研究可想而知光憑臉孔判斷對方的感情極有可能產生意想不到的誤解。我們似乎應該重新反省根據對方臉孔表情以判斷他人情感的

B表　臉孔表情如何被誤解

何種表情最容易被誤解	命中率（百分比）	人頭照的表情
小心謹慎時、陷入沉思時	5%	失望 喪膽的臉孔
激奮時	57%	恐懼 驚訝
責難 不贊成	34%	輕視
驚訝	32%	困惑

習慣。

雖然古人教導我們：若要充分理解對方，應先注視對方臉孔再交談。但在洞察他人心態這一點上，卻可能造成反面作用。

完全不懂如何看穿他人方法的人，至少應謹記不可信賴對方表情才能預防萬一。臉孔―這是我們最在意的部位，雖然我們有時必須觀察他人臉色，但臉孔表情卻是最難以取信的部位。

所以，以照片做爲判斷人品的相親，或憑第一印象決定錄用與否的公司徵人考試都具有相當的危險性。

相反地，有些人會惡用人們這種不足爲信的判斷力，而在相親場合故意表現好印象或在面試中赢得賞識而成功，這類「狡猾的做法」也時有所見。

留意談話中的詭計！

◈注意既定的思考模式！

請用一分鐘仔細地觀看十六頁的插圖再回答以下的問題。請將答案寫下來。

①　圖中的桌上有一個大蘋果嗎？
②　桌下有兩隻貓或三隻？
③　坐在桌邊的女子右手戴著手錶嗎？

以上三個問題你作何解答？

相信有許多人對於①的問題會回答：「有」。②的問題也許有人回答兩隻或三隻，事實上桌下並沒有貓而有兩隻狗。

③的答案不一而足。請再看插圖。桌邊女子的右手的確戴著手錶。

這三個測驗的目的是利用提問的方法改變作答的方式。當所提的問題是：「插圖中有○○嗎？」而被迫回答「有」或「沒有」時，通常答案會成五五波的傾向。而像②以具體的事實做提示，如「有兩隻或三隻貓？」即使事實上並不存在的事物，也會使人以選擇的方式回答「有兩隻」或「有三隻」。而回答「沒有貓」的人只佔全體的百分之十左右。

至於③較爲複雜而曖昧的問題，答案也呈多樣性。例如「有的」、「我認爲有」、「我認爲沒有」、「應該是戴在左手」等等。

由此可見，我們會陷入詢問者的暗示中而被騙。

日本評論家崛川直義先生在其『訪談研究』的著作中有這方面的研究報告。據說對於並不存在的事物故意詢問：「有嗎？」「沒有嗎？」解答者會出現以下的不同比率。

回答「沒有」的人約佔一半，而回答「有」的人佔三分之一左右，「不知道」的人僅佔少數。

如果改換一個形式提問說：「在那裡？」回答「沒有」的人會漸減，而「不知道」的人會漸增。

回答「在△△」的人約佔一半，回答「沒有」的人僅佔少數，而回答「不知道」的人增加爲三分之一。

提出「在那裡？」的暗示而使得答案變得複雜化。

由此可見人的解答會因提問的方式而改變。在男女交往中指責對方說謊而批評其背信的人，事實上也許是自己提問的方式不當而讓對方言不由衷。在指責對方之前必須審慎地思考自己詢問的方式、談吐的方法。有些人因相親而牽扯出許多問題，如傳聞與實際出入甚多等等，也許責任乃在個人本身吧。

發生糾紛的源頭在那裡？

我所認識的一名女子因聘金問題鬧糾紛，而使得婚事決裂。據她所言當時與男方的討論

中曾出現這樣的對話。

男方　「聘金要多少？」

女方　「多少都沒關係。重要的是愛情而非金錢。」

男方　「但這關係著我們雙方家庭，最好還是明確地說出個數字。」

女方　「我母親說婚禮的準備至少要花一百萬。但在市區聘金的行情是上班族月薪的兩倍左右。」

男方　「是嗎？」

經過這番討論之後雙方家庭舉行聘禮交換。男方帶著五十萬元做爲聘金到她的家裡。而她對於男方的態度相當不滿。她認爲：「五十萬元的聘金算什麼！把我當傻瓜嗎？怎麼一點也不體貼我？」女方甚至考慮要退婚。

從她們二人的談話來判斷，攜帶五十萬元聘金前往的男方並無過失。因爲，女方在談話中給他「五十萬元即可」的暗示。也許實際上女方渴望聘金是一百萬，卻因爲「愛情最重要」「多少都行」「月薪的兩倍」之類的暗示而令男方以爲五十萬元應可獲得女方的滿足，這樣的想法也是理所當然。

各種糾紛的原因通常出乎想像地是發生在自己身上。

尤其是「言詞」越曖昧越會造成誤解，而給人某種暗示的表現通常會造成糾紛。

假設在相親時出現這樣的談話。

「你喜歡音樂嗎？」

一般人聽到這個問題通常會禮貌上地回答「喜歡」。如果婚後因爲對方不喜歡音樂而感到憤慨，責任應該由詢問這個問題者來承擔。

「卡通片的神仙家庭是我的理想。」

例舉小說或漫畫主角或其家庭而表示自己渴望成爲那樣的人時，在聽者眼中絕對不會產生不良印象。因爲，聽者會想起漫畫或小說主角那美好的生活或開朗的一面，而產生投射的心態去揣測對方。但是，事實上並沒有像漫畫人物所表現那麼美好的家庭，也沒有人在實際生活中過著有如漫畫中的生活。但是，對方卻能立即體會「神仙家庭」所產生的印象。反言之，這也是最容易使人造成暗示、誤解的表現。

這種錯覺令人畏懼！

◆掀開謎底！

俗諺說「Seeing is believing」（百聞不如一見）但所見者並不一定是可信者。

下圖中A、B、C三條線中那兩條線等長？乍看下A和C似乎等長，而且線上還有

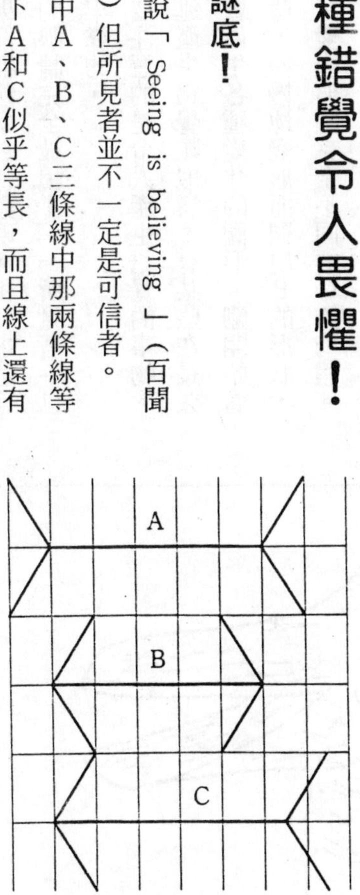

A、B、C的線條中等長的是那幾條？

刻度，如果仔細觀察必會發現A和B才是等長。我們的眼睛完全被騙了。「所見者」也許是最不牢靠的。

特別要注意的是令人產生錯覺的事物。與上述產生錯覺類似者，有某些在長久注視之後會產生各種變化的圖形。剛開始看似A的物體，慢慢地變形而顯現B的形狀，不久之後又變成形體完全不同的C的物體。譬如，請看本頁的插圖。然後蓋起書本再翻開書本看同一個圖畫。你的腦海中必會浮現和前次所看完全不同的圖形。

不僅是線條的長度，就連判斷圖形，我們的眼睛也會落入圈套。

我們用另一個方式來探討這類現象。首先讓食指和中指交叉，再讓這兩根指頭碰觸桌面。你會覺得觸感有異於手指平伸時的感

覺。連觸覺也會使我們受騙上當。

擅長利用人們受騙心理的是「魔術」。當我們事前知道那是「魔術」時通常會產生戒心，但日常生活中我們應注意在我們毫無所覺之下，某些人利用與魔術類似的伎倆愚弄人。在商品販賣方面通常巧妙地活用這類手法。

日常生活中最常見的是牛奶或可樂等瓶子的錯覺。

比較牛奶瓶、可樂瓶、玻璃杯、咖啡杯等四種容器時，多數人會覺得可樂瓶和牛奶瓶容量最多。但事實上咖啡杯的容積最大。將可樂倒進咖啡杯內也不能注滿。而牛奶瓶似乎容量也很多，事實上也不能倒滿一杯玻璃杯。

可樂或牛奶之所以吸引人們的購買慾望，也許也受到這類容器上所下的功夫的影響。可樂瓶的凹凸狀、曲線不僅方便握取，也有「份量感」

，這乃是利用玻璃面的曲折增大量感的效果。

◈空中小姐的舉動是注意的焦點？

我在國內搭飛機旅行時經常注意觀察機艙內旅客的表情。每一個人的表情會因爲機艙內稍微異常的聲音、空中小姐的動作或語詞而敏感地反應。如果空中小姐聚集一處悄聲地議論紛紛，機艙內旅客的眼光會投注在她們的身上，並且露出一副擔憂的表情，懷疑是否「故障」。

尤其是空中小姐從駕駛艙奔跑過來時，乘客們剎那間會有驚慌的表情。

在「被騙心理」的背景中有各種的條件。空中小姐悄聲私語或匆忙地從駕駛艙奔跑前來的舉動在機艙內是異常行爲，會使乘客感到不安。乘客對於意義不明的動作又會忐忑不已。注意到這一點的各航空公司已禁止空中小姐在機艙內奔跑，並注意空中小姐之間不可有耳語交談的動作。同時，在飛機起航或著陸時會從擴聲器播放音樂以緩和乘客的緊張。而在深夜即使窗外看不見任何景物，也會由播音員播報：「目前經過○○上空」儘量減少不明確的狀況，注意避免令乘客感到不安。

據說美國的航空公司遵循心理學家的意見，在飛行中如果發生事故，絕不隱瞞事實而立即告知乘客。因爲，出現「引擎故障」「機輪無法伸出」等事故時，明確地說明事故的原因，給乘客正確的情報，遠比讓乘客在不知情的情況下感到不安來得安全，且能緩和乘客的心理動搖。

◆不要被包裝紙所騙

我們每個人都希望能正確地看待每件事物，但在許多地方卻受騙上當或產生錯覺，結果做出錯誤的判斷。

不僅在觀察事物這一點上，碰到做選擇、認識等狀況也會深受當場情況的影響。

上午精神飽滿時和傍晚精疲力倦回家途中的想法、判斷力也會出現差誤。

有關我們的判斷力如何受周遭環境所影響的問題，一項針對超級市場售貨價高低的調查研究已有清楚的答案。

根據美國馬羅尼爾超級市場的調查，據說某商品放在地板上，在一週內只銷售六十六個，但移動到與視線同高的棚架上時銷售量高達一一○個，換言之，增加了約百分之六十七的營業額。而將商品移動到與腰同高的位置時銷售成績是九十個，約有百分之十四的增加率。

從這一點即可看出，商品的銷售情況深受其所擺放位置的影響而非價格本身。前往超級市場的百分之七十的顧客，並非事先決定所購買的物品，從報告中發現通常是在店裡決定或出於衝動的購買。

日本某週刊雜誌曾經做過一項測驗。內容是讓消費者猜測四種去掉商標的啤酒各是那個廠牌。

據說幾乎所有的人都無法分辨。原本只喝A廠牌啤酒的人無法正確地猜出自己心愛的啤酒是那一瓶。

口口聲聲說愛喝的啤酒，也只不過是這樣的程度罷了。

我們原本以爲有自己不同的嗜好、選擇，事實上並沒有一定的準則，我們在無意識中深受當時的心情或生活環境等的影響而做出不合情理、曖昧不明的選擇。

美國色彩研究所做過一項研究，他們將內容、性質相同的中性洗潔劑做成三種不同廠牌的商品，然後向顧客做問卷調查，得到了以下的結果。

●A公司製品……黃色容器者→洗潔力過強會傷布料
●B公司製品……藍色容器者→感覺好、好品質
●C公司製品……均衡的色彩→最佳品質

從問卷調查發現，同一個製品會根據容器的色彩而出現不同的反應。而且，大衆消費者在對洗潔劑本身的品質做問卷調查時，深受顏色的影響。對於打點家務的家庭主婦而言，黃色過於刺激，帶有「傷害衣物」的印象。而給人安定感的藍色容器，從問卷調查中也發現一般的反應佳，但裝在調和顏色容器內的洗潔劑所得到的反應最好。

隱藏玄機招搖撞騙的樣本、商業廣告

◈統計值的盲點、行家的伎倆

現代人只要議論上某個話題總有數字、統計上的佐證。諸如「根據統計，國民所得增加一五％」或「經濟成長率是九．五％」等，政治家的發言中也常利用統計數字標榜自己的正確性。

每逢升學考試期間，各個補習班一定標榜：「本校升學率高達八〇％」或「本校高中臺

大率居全國第一」等等，仔細一想這些都是無稽之談。譬如，A補習班考取國立大學的升學率是六〇%，而B補習班的升學率是四〇%，一般人必認爲A補習班較優秀。但A補習班參加國立大學考試只有五人，其中三人考取，而B補習班參加國立大學考試有一〇〇人，考取者有四〇人，其間的優劣又如何呢？我們的判斷必認爲：「B補習班較好」。

像這類情況也是各公司的平均薪資所得的盲點。假設A公司的平均薪資是二萬五千元，而B公司的平均薪資是二萬元。

結果A公司比B公司的薪資多出五千元。對B公司的職員而言，自然會認爲薪水比A公司少而感到不滿。但如果A、B公司的分佈如下的情況，又該作何解釋呢？

A公司薪水是一萬五者有十人，二萬元者有十人，換言之，有二十名員工會因爲薪水比B公司的職員高而自鳴得意嗎？而A公司取得平均薪資在二萬五千元以上者只有十人。僅佔全體的四分之一。但在B公司月薪在三萬元者有二十人。換言之，有半數員工獲得A公司的平均薪資。

有許多人未曾察覺這樣的矛盾。

不過，有不少人因爲自己公司的平均薪資高，而錯覺地以爲自己的薪水也高於其他的公司職員。

數字或統計的詭譎及令人畏懼的地方還有許多。各位不妨攤開每天的報紙廣告或注意電

A公司		B公司	
4萬5的薪水	10人	3萬元的薪水	20人
2萬5的薪水	10人	2萬2的薪水	10人
2萬元的薪水	10人	1萬8的薪水	10人
1萬5的薪水	10人		
平均薪資	**26,250元**	**平均薪資**	**25,000元**

視上的商業廣告。其中多數都是巧妙地利用數字或統計上的心理盲點。

美國的心理學家D・哈夫告誡我們應注意以下各點以避免被數字或統計所矇騙。

①利用統計者是誰？

②如何產生這些統計或數字？

③這些統計應用在什麼樣的目的？

對於接受學校教育者而言，長期以來具有輕易且認爲合理地接納統計或數字的特徵，並已養成習慣。

各式各樣速食品或藥品會詳細地記載食品的營養分析資料，做爲銷售的賣點也是反用這樣的心理。

受騙心理的弱點

◈想像力豐富嗎？

首先請閱讀以下的文章。

「王大川在台北車站與睽違二十年的朋友不期而遇。那位朋友攜帶一名六、七歲左右的女孩。王大川看出對方已經結婚而且已有孩子而大感吃驚。他撫摸女孩的頭詢問：『妳叫什麼名字？』女孩說：『和媽媽同樣名字啊，所以我叫……』王大川不必女孩說出自己的名字也已經知道了。」

閱讀這段文章後你是否能推理出為何王大川已明白女孩的名字？如果無法理解請再閱讀這段文章。一定可以找到解開謎底的關鍵。

語詞是這麼容易引人入甕，它具備形形色色的要素。那麼，我們就以語言心理學的立場，深入地來探討為何我們會因某特定的表現或語詞而受騙上當？

宣傳或政治標語等充斥著令大眾受騙上當的語詞，在這樣的社會我們每個人應特別關心且注意語詞的應用。

〔解答〕「朋友」是一名女性。一般提起男人的朋友總會令人聯想是男性而攪亂思緒。因對方是女性朋友，王大川自然明白其姓名。

◈腦筋混亂！無法避開的陷阱

以下是因錯覺所造成的計算過失。

三名學生住宿在旅館。他們各將一千元的住宿費交給服務生。拿到三千元現金的服務生交給經理時，經理認爲住宿者既是學生應給予優待折扣，而要服務生還給他們五百元。但貪財的服務生從中偷偷拿下二百元，再將剩餘的三百元還給學生，亦即交給每個學生一百元。

事後旅館經理發現這件事。於是大家聚集起來開始計算所支付的金額。

每個學生各支付一千元，而服務生再交給每個人一百元，所以支付額是九百元。三人合計爲二千七百元。而服務生從中佔爲己有的是二百元，再合計起來是二千九百元。支付三千元，計算結果卻少了一百元，到底跑到那裡去了？

事實上，每個學生支付九百元以上。三名學生一共支付的三千元，扣除服務生從中沒收的二百元，是二千八百元。換言之，每個人支付九三三・三三三……元。將十元的尾數合計起來就是一百元。消逝無蹤的一百元之謎已獲得解答。

仔細思考即可明白的問題，在疏忽之下就產生錯覺。

◈自作孽不可活的風流念頭

某雜誌刊登以下的廣告。

「洋妞〇〇照片。密函郵送。費用及郵費共五百元。」

閱讀這個廣告的人，會想像那是女性的裸體照而匯款郵購。既期待又盼望地打開郵件後大失所望。照片雖然是洋妞，但只不過是張扛著轎參與慶典的照片而已。消費者居心不良才會落入詐欺的圈套。

更惡質的金錢詐欺還有利用小額支票騙取大錢的手法。一名「警官」前來位於市區的某一流公司。

「我們將舉行防患展示會，不知貴公司能否開出十張『五百元』的小額支票。這筆錢由警方支付。」語畢公司立即開出五千元的支票交給警官。

但是，事後這些小支票發展爲重大事件。該公司雖然知道交易銀行的戶頭餘額不符，卻因原因不明而置之不理。但最後發現不符的金額是五萬元，使得會計一陣手忙腳亂。

仔細調查的結果才發現原因是出在交給那名「警官」的「五百元」支票。原來他將「百」改成「千」利用支票盜領。而且，詐欺犯並非一次全數到銀行換取金額，而是間隔期間取款，因而發現的時機慢了一大步。以爲「五百元」只不過是零頭小錢而不引以爲意，結果蒙

受五萬元的損失。

◈至今依然盛行的希特勒群衆操縱法！

聽到令人感動的語詞，我們往往比理論的語言更容易受騙上當。戰爭中的標語或納粹的出版物上常見令人感動的表現法。如果仔細閱讀報紙或雜誌的內容必可找出其間的矛盾。

希特勒擅長掌握大衆心理，他在『我的鬥爭』一書中如是說：

「大多數的民衆都具有女性的特色或態度，他們是以感情上的氣氛做思考、行動而無冷靜的考慮。」

希特勒在演說中經常吶喊著：「德國啊！覺醒吧！」簡短幾個字卻是令大衆感動且

產生重大效果的一句話。希特勒不僅利用語詞感動大衆，同時具備製造現場氣氛的能耐。

演講會場燈火通明，場地裡懸掛著許多巨大的旗幟，同時還準備大喇叭樂隊，在場地佈置上不遺餘力。他所下的功夫具有參與奧林匹克開會典禮時深受感動的同樣效果。而且，希特勒的演講一定比預定的時間逾時開始，使得大衆心理的期待日益擴大而產生戲劇性的效果。

莎士比亞的作品『凱撒』中所描繪的布魯塔斯對大衆的辯解之詞，也是以感動爲訴求的謊言。暗殺凱撒的叛變者布魯塔斯對民衆解釋自己行動的正確性之後，用以下的說詞做最後的辯解。

「我爲了羅馬殺害摯愛的朋友。如果祖國認爲有此必要，我將以同一把刀隨時刺進我的胸膛！」

這段話使民衆大爲感動，轉而紛紛支持布魯塔斯。

◈偉大人物何其懦弱——謎底在於你的弱點！

引用具有權威的學者或著名人士的語詞，諸如「根據××先生所言……」「某某教授的介紹……」的人通常居心不良。

即使不合情理的事，只要是權威者所認同者，多數人都會信服。

數年前在日本，中國的「針」或「灸」等療法在多數人的眼中是相當非科學、迷信的治療法，尤其在醫師、醫學者之中，大部份的人對於這些東洋醫學帶有輕蔑的態度。但是，自從塞利耶（Selye）的「壓力學說」及德國東洋醫學的研究等介紹到日本之後，原本對「針」或「灸」等療法嗤之以鼻的研究家們紛紛主張其效用。

這種現象不僅發生在醫學界。哲學或經濟學、心理學上對於嶄新的學說或觀念通常引用外國具有權威學者的意見，只要是「外國某某學者所言……」之類的表現法，一般大衆即無條件的接受且信服，而對於「我個人認爲……」則帶以輕蔑的眼光。日本人似乎是畏懼權威的國民，不僅在學問方面，就連日常生活中也常利用權威以博得他人的信賴。

而一般人所畏懼的權威依序是①歐洲或美國的思想、風俗；②學者的意見；③警官或教師。信賴這些權威者中還有各種不同的類型。聽說是「皇室愛用的……」或「皇室曾經住宿的旅館」即趨之若鶩者通常是老年人。

而輕信「在歐洲極爲普遍」或「在美國絕對不可能發生這種事」之類說詞者多半是女性。同時，愛用外國製品的階層也常是女性。

從位於東京上野某專售外國製品的商店，陳列最多的商品是女性用品這一點看來，不難瞭解讚揚外國且心嚮神往者的女性何其多啊！

二次大戰後最早登陸日本市場的化粧品『馬克斯・Factor』在美國本土銷售情況並不

佳，但在日本卻一舉成功，這乃是因爲它是戰後最初出現在日本女性之前的「高級外國化粧品」的緣故吧。

對於「學者」的意見立即同聲附和者，似乎多半是國立大學出身的知識階層。在這些人聚會之處有所議論時，最具有發言權的，通常是對於多數學者的意見有深入研究，擁有較多外國學者的研究文獻者。

在這些人當中「愛因斯坦說日本不應永久製造原水彈（原子彈與水素爆彈）」，這個說詞遠比「日本不可永久製造原水彈」，更具說服力。其實愛因斯坦未曾有這樣的發言，但只要標榜愛因斯坦所言即能增強自己的權威性。

立即信賴警官或教師者多半是商店員或家庭主婦。因爲某人自稱是「警官」而鬆懈心防，結果蒙受詐欺的受害者中多半是主婦或店員。

最近是理科系比文科系受到社會歡迎、接納的時代，「科學性的……」這種說詞已變成令對方信服、具有魅力的表現法。譬如，無法與對方的意見達成一致而希望擊倒對方的人，最後通常會用「你的意見毫無科學的根據」之類的說詞給予挑戰。

◈煽動虛榮心伎倆的重要訣竅

「特別挑選你……」或「像你這麼有地位的人……」這類令對方產生優越感的語詞，若不仔細思考其內容，經常會受騙上當。

「我們特別選中你贈送這張特別優待券。我們是根據某具有權威的調查結果而挑選你做爲贈送的對象。原價六萬元的商品，只有獲贈這張優待券者以半價優待，換言之，我們打對折只收你三萬元。」

相信有不少人曾經接獲類似內容的直函推銷郵件。也相信沒有人不會因自己被具有權威的調查機構選中而產生優越感吧！不管那是經由何種方法所進行的調查，只要字面上是寫著「具有權威……」自己也不得不感受與具有權威者並肩齊驅的優越感。

最近，我的親戚也有人接獲類似的直函郵件。但是，收信者竟然是剛上小學的男孩，這件事變成他們家人的大笑話。被具有權威調查機構所選中的那位小學生，果眞欣喜萬分嗎？

這類直函郵件眞正的目的乃是讓顧客購買價值三萬元的商品，若不理解其眞正的意圖，在虛榮心的驅使下必被騙購買了並不需要的商品。也許在刑法上這個手法並不造成詐欺，但在心理上卻無異於詐欺。

美國有許多利用這類顧客的菁英意識以誘導顧客購買意慾的推銷法。像歐美及日本等國家，雖然上班族的生活已呈平均化而景氣略呈下降，但隨著中流意識、大廈生活一般化，任何人所渴望的並非金錢，而是擔任經營管理幹部的菁英意識吧。

異於常人或在旁人眼中顯見高級，也許是任何人都具有的願望。

◈容易受騙上當的四種類型

最近的犯罪學不僅研究作奸犯科者的心態、類型，也針對被害者做各項的研究。據說容易落入圈套者也有其各種特色。

被騙上當者通常比一般人或異常識地擁有較大的野心或慾望，而其形式不一而足。某著名的詐欺慣犯曾說：若有人渴望以「一千元的資金獲利二千元」，即擁有自信讓其入甕。因爲，他已看穿陷入圈套的被害者心理。

一般人以爲兒童無知無知可欺，事實卻不然。因爲，兒童並沒有成年人那麼大的慾望。不忮不求者即不受騙。如果有人告訴你：「我支付你三千元的利息，請借我一萬元好嗎？」你會怎麼辦呢？

借他人一萬元即可獲利三千元，利誘不免令人產生貪婪之心。如果不顧慮對方的經濟狀態而受眼前的利益所蒙蔽，一旦借出金錢通常血本無歸。一萬元獲利三千元乃是三成的利息。現今社會鮮少有立即獲得三成利益的工作。

如果冷靜思考必會覺得可疑。再者，即使收回借款也無法保證是否能據實支付利息。因爲，一個月收取三成的利息已屬於放高利貸的行爲，一旦對方不履約付款也難以據理力爭，甚且已變成違法行爲。

類型	詐欺的種類	伎倆
貪慾型	商業上的詐欺 天氣詐欺	賺錢的話題 引人入甕的話題 以不當手法賺錢的話題
疏忽型	賒帳、不在家、掉包	受外出的丈夫或家人所託
沽名釣譽型	冒領、騙取、職權詐欺、同情詐欺	以借用名義或地位的捐贈
好色型	仙人跳	報紙廣告 信件、通信文

觀看各種犯罪型態的統計，詐欺、盜領、背信等俗稱的智慧犯已日漸減少。其原因也許是經濟雖不景氣倒還呈現安定的狀態吧。

但是，不論世局如何，一般犯罪仍有年年增加的傾向。從這一點看來，統計上的詐欺、盜領、背信等智慧犯雖然表面上已漸減少，事實上這些犯罪之所以沒有表面化，並非事實已減少而是他們的伎倆日漸巧妙，使得檢警雙方難以察覺其犯罪的事實吧。

換言之，雖然被害者並沒有受騙上當的感覺，事實上已落入他人圈套並失去大筆錢財。

人際關係中最重要的是婚姻關係，而離婚率已逐年增加。被丈夫或妻子背叛而苦惱的人、親子意見對立、離家出走的少男少女等等，甚至廣受大衆信賴的教師也有犯罪的行爲。

今後的時代，人與人的交往中可能會有形形色色的糾紛產生吧。

若要在這樣的世局下生活，應具備正確觀察事物的眼力及培養批評他人的眼光。嚴厲批評他人的同時也不忘努力尋求眞摯的友誼——這一點才足以使今日的人際關係建立完整的秩序。在互相欺騙、背棄、背叛的人際關係中如何分析他人已成重要課題。

內在慾望所潛伏的陷阱

◈警告！自信過盛是他人覬覦的目標

唯有自認絕不受騙上當的人才會落入詐欺者的圈套。某大銀行總裁的I先生也是其中一人。I先生生活清廉潔白，不論公與私都表現坦蕩磊落，在周遭者眼中是令人敬畏的人。也沒有人會去欺騙這麼優秀的I先生。而I先生本身也對於從不受他人欺騙感到自豪。但是，他也有一次被騙的經驗。

某天，一名和尚前來拜訪，遞出名片。他當然不知道那位和尚的姓名，據說名片上記載的寺廟位於I先生的故鄉，這位和尚穿著袈裟、一頭光亮、遣詞用句也像是高僧的模樣。

「請問你有什麼事？」

「眞是不好意思……其實我是因事到市區，正打算打道回鄉，但途中碰到扒手，如今身無分文。我想是否能向您借貸回鄉的火車費，實在眞抱歉，因爲我知道你是〇〇地方的人才冒昧地拜訪……」

I先生心生同情，立即給那位和尚交通費及便當錢並說：「沒有關係的！」這位和尚回去之後並沒有履約送還借款，分明地落入詐欺者的圈套了。I先生在其『我的人生觀』一書中回顧當時受騙的情況，並以這次受騙的教訓警戒自己。經過這件事之後I先生原則上不與未經介紹即來訪的客人見面。

但具有觀人眼力的I先生，何以會落入這位和尚的圈套呢？

和I先生同鄉的某政治家，同樣地被這位和尚騙取錢財。

這位詐欺慣犯故意挑選銀行總裁、政治家爲對象，堪稱手腕高超。因爲，對方都自信滿滿地以爲没有人會欺騙像自己這麼偉大的人。這一點從I先生本身自豪未曾受騙即可窺視一斑。在政治家或總裁的身邊有許多卑躬屈膝、唯言是聽的人。因而他們處於比一般人缺乏警戒「自己將受騙」的狀態下。

而這位詐欺犯穿著和尚的袈裟堂而皇之地走進銀行。如果是一般上班族的服裝打扮多少會令人起疑。但穿著拋棄紅塵了無私慾的僧侶服裝，自然會獲得他人的信賴。而事實上詐欺犯穿著袈裟也理了光頭——袈裟並非滿街都有，而一般人也不會理光頭，這樣的裝扮自然增強其信用度。

落入這類詐欺圈套的被害者，通常具有「不會有人欺騙像我這樣的人」的自信，或身居要職或具有顯赫的職業，一旦受騙上當若將事態表明，恐怕對自己不利或傷害到自尊的人。所謂詐欺天才的人常會利用對方的這類心理而矇騙著名人士。

◈行徑詭異的說教強盜

日本東京都內曾經發生一起連續強盜、強姦而造成轟動的「說教強盜」事件。

這個強盜有趣的是在犯案離去時常告訴被害者：「明天天亮時儘早向警方報案！」一般的強盜都會恐嚇被害者：「如果告知警方立即殺害！」因此，被害人聽見這句話幾乎愣在當場不知所以。

這名強盜被逮之後招供說，他所覬覦的目標都是著名人士的住宅或大院宅。因爲，被害者的身份較高，或婦人被強暴時爲了家庭的名譽，通常會將事態隱埋而化爲烏有。和前述因對自己的地位、名聲擁有自尊反而鬆懈心防、信賴他人而矇騙的情況正好相反的，是利用具有名聲地位者的姓名矇騙一般市井小民的詐欺犯。

從前，常見詐欺犯喬裝高級主管到一般上班族家庭拜訪的犯罪案件。一般的上班族家庭只要聽說對方是公司的高級主管，再怎麼無理強求也必應允承諾，這些主婦的心理正是詐欺犯覬覦的目標。尤其是渴望自己的丈夫日後步上成功坦道或出人頭地的人，更容易落入這樣的詐欺伎倆。

注意甜頭利誘！

◈掌握必須注意者的關鍵！

①第一印象太好的人必須特別留意

碰到初次見面者的禮儀相當恭謹、顯得誠實的模樣時，一般人必心生信賴感。而這正是最大的盲點。千萬不可對第一印象太好的對方鬆懈心防。

對你的意見一切表示贊同，且刻意地以禮相待的人，通常渴望從你身上獲得利益。

②對「順便」請託的人抱持警戒心

到他人住處拜訪閒話家常、東聊西扯並指稱：「我順道過來」的人，通常在其有如隨興想起的話題之下引藏著巧妙的玄機。這種人一般而言乃是危險人物，應心存警戒。

③著名人士的介紹函要特別注意

介紹函通常也是造成糾紛的原因。

有不少人拜訪他人時會攜帶各種人物的介紹函。這時應該分辨這些介紹函是基於義理人情而書寫，或眞正渴望代爲介紹而書寫。

介紹函上若寫上自己的姓名，通常信賴度較高，但如果只是漫然地寫著：「介紹〇〇〇先生」而沒有你的姓名或介紹函帶著污垢等，這張介紹函通常是到處做爲自我介紹的憑據或被介紹之後經過數日才前來拜訪的情況，而這些常會造成糾紛。

◈巧言令色鮮矣仁！你笑得出來嗎？

有許多我們以爲在借貸金錢、物品買賣、不動產交易等絕對値得信賴的人卻是詐欺的慣犯，或發生所借貸的金錢一去無回的情況。

古時的大富翁留給自己祖孫的「家訓」中，在這一方面有特別仔細的叮嚀。因爲，他們擔心涉世未深、經驗淺薄的子孫恐怕將祖先辛苦積蓄的財產拱手讓人。

譬如，日本三井家憲的『町人考見錄』中記載著過去大富豪之所以傾家蕩產的原因，最常見的是「貸款」，因而訓誡子孫不可任意貸款給他人。

商品買賣或貸款時必須擁有看穿對方人品的直覺。在經濟不景氣的時代，金錢上的詐欺行爲有增加的趨勢。而且，最近的詐欺伎倆極具心理的技巧，通常使人在不知不覺中即落入詐欺犯的圈套。

某社區曾發生以下的詐欺事件。一名氣質高雅有如紳士的中年人帶著一名年輕男子挨家挨戶拜訪社區的每戶家庭，贈送給每戶人家廚房所使用的外觀精美、塑膠製的垃圾桶。

「我們特別挑選貴社區試用本公司的新製品，請免費試用。」

主婦們接獲異於一般粗大的垃圾桶，顯得精緻巧小的塑膠容器後都大為欣喜。中年紳士將垃圾桶交給主婦們之後並說明其使用法。

「請用這種塑膠袋裝在容器內。這是爲了這個容器特別製造，一個一元。請使用看看。」

接受免費的塑膠垃圾桶後，主婦們自然認爲購買價值僅有一元的塑膠袋乃是理所當然。

「請平分這些塑膠袋。」

這時男子掏出塑膠袋。

「一套三百張。很便宜喔！」

主婦們順理成章地必須支付三百元。

但事後經過調查，塑膠垃圾筒價值不到十元，而塑膠袋一個也只有〇・二元左右。換言之，掏出三百元購買全部價值不到七十元的商品。

大部份的主婦會受利誘而上當。

那麼，我們該如何看穿這類惡質的詐欺伎倆呢？

Benihana.Newyork 的經營者，洛基・青木先生曾說：「有形形色色的人常到我這裡來借款，我所注重的是對方的個性而非其提出條件的良否。只要交談十分或十五分鐘，即可明白其人格或觀念的一部份。」懂得賺錢的人也具有鑑賞他人的卓越眼力。

第②章

一語道破！可信、不可信者的眞面貌

百分之百可信、不可信的人

●電腦化的陷阱

距今約二十多年前，據日本警方調查在七個月內所發生的「增利詐欺事件」高達三十九件，被害金額是二六三億日圓。以年齡別而言，三十年代的上班族及主婦佔居大多數。

在這個事件中最引人矚目的是，向社會大衆呼籲「犬之力」而廣收資金七十一億日圓，結果倒閉的「東京蓄犬」，以及謊稱大廈共同經營即可成立比銀行儲金更多利息的「金錢大廈」，而在籌措基金中大獲利市的「日本建設協會」「日本住宅組織聯合中心」等大廈經營業者。

據說這三個業者的被害者人數高達四萬三千人，受害之大令人震驚。以職業別而言，上班族佔五二％、主婦佔二六％，而三十年代者則佔年齡別中的三五％。

這類事件在一流企業的所謂菁英職員中迅速地增加。最近，也有大銀行的不正當融資事件攤開檯面，但從未有像一九七〇年所發生的F銀行十九億圓不正當融資事件那麼轟動，令人議論紛紛。

這個事件的主角之一是畢業於日本國立一橋大學，方值盛年四十一歲的菁英行員，大衆的驚訝自不在話下。以信用爲經營信念，管理系統也最爲近代化的一流銀行，事實上存在著許多的盲點。隨著其內情陸續地表面化，慢慢地令人發覺應有合理化的行內組織卻潛伏著各種犯罪趁虛而入的空間。

隨著電腦的引進，社會大衆對電腦有過度的信賴。既然是機械所處理的事務自不會出差錯的信賴感，使得人際關係也疏於怠慢，不再嚴密緊扣相連。如果事務處理不假藉機械代勞，則每一項處理個案必須由上司確認其內容，而行員之間也有彼此徵信的念頭吧。

換言之，電腦時代的到來，改變了人際關係的模式。

我們漸漸失去對自己所從事的工作相較於公司整體有何意義，或旁人和自己的工作有何關連的認識。

因爲，公司整體的工作完全由電腦掌控。電腦的知識之外還有專業知識，某部門的責任者若刻意犯罪，很難立即拆穿其不正當行爲。再者若位居管理階層的中高年層的分公司經理職務，通常缺乏電腦的知識或尚未理解電腦的機能。

F銀行所發生的事件正是其典型。不正當融資事件的嫌犯是外匯的高手，經理、副理完全委任他一人代勞（這種信賴是起自對電腦的信賴，因爲，他們認爲即使有所不軌行爲，電腦也能立即發現缺失吧）；其他行員根本無插手的餘地。而經理也爲如何獲得儲金的業務忙碌不已。在這樣的背景之下才有十九億圓不正當融資的事件發生。

這個事件曝光的數個月後，報紙上報導光學機械廠商「Y公司」的經理盜用公款的事件，結果股票一落千丈。這個事件的主角同樣地也是深受董事長信賴的經理。據說該公司的資金籌措、稅務等問題完全委任該經理處理。

●無一可信！

分析在各行各業發生的各種瀆職事件，以下兩點的過份信任是潛在性的原因，通常是信賴對方而發生被「盜用」的情況。

①引進電腦而經營現代化的公司，經營者具有絕對不會發生差錯的過信。

②經營者具有被某特定人物的個人魅力所吸引，而一切委任其代勞的心態。

①的情況常發生在一流上市公司，②的情況多半是中小企業或急速成長的新科技開發公司。在①的情況常見畢業於一流大學，具有專業知識而成爲菁英的類型；②的情況則屬於實力派上班族，具有卓越的工作能力，對公司的成長極有貢獻的職員。而Y公司的經理則屬於②的典型。

今後，由於對這類人機器的過份信任及人際關係鬆散所造成的瀆職、違職事件將越來越多。

尤其是一九九〇年代隨著勞動力缺乏、人際關係日漸受到重視，違職、瀆職事件也呈正比例的增多。當勞動力不足、人才難求時，往往偏向於以機械化控制人力，或反之以經營者個人的愛好委任自己信賴的部屬處理業務，呈現利用少數菁英主義推展業務的傾向。

但我們無法把人完全當做機器地操縱，而所信賴的特定人物果眞値得信賴嗎？今日同甘共苦共創事業的伙伴，也許到了明天可能變成互相競爭的敵手，甚或背叛你的仇敵。

●昨日的朋友變成今日敵人的因素

據說東方人和西方人相較下具有盲目地信賴他人的傾向。這也許是東方民族的特性。臉型、膚色相近而生活習慣類似的民族，彼此間自然會感到一股親切感。或許因此而養成對他人不設防的心態。像美國由各式各樣人種組成的綜合國，其人際關係由「懷疑」對方而起步，也是理所當然。

在美國有自動出售報紙的販賣機，即使不投錢幣也能取出報紙。筆者曾經聽聞某東方人看見此景讚揚地說：「不愧是泱泱大國的美國。民族主義的國家才具有責任感。若在國內一定有許多人不付錢即任意拿報紙。」美國人也許比國人更具有公德心。但是，有一點不可忽視的是，使人遵守紀律的控制系統。

這些報紙販賣機上通常會記載著類似以下含意的語句。「若有人看見他人不付款任意取走報紙而向警方通報，將可獲得三十美元的獎金。」

若在日本則頂多基於道義上的理由做表現，諸如「請不要白拿報紙」。在美國所利用的是具有科學性的管理法，能巧妙地掌握人性的盲點。

建立二十一世紀更建全的人類社會或公司組織，光憑人與人之間的心靈溝通或本土性的信賴關係並不足夠。重要的是具備在短期間內看穿自己周遭人物的性格、慾望的「人間鑑別力」，以及正確地傳達自己性格、慾望的「自我傳達力」。對商場界的實業家而言，具備這兩種技術是更有效地發展自己工作的最短捷徑。

動輒發生不軌行爲而無法信賴的是人類本身。若要與如此「脆弱」的人共事，必須努力更正確地去認識對方。

過度信賴電腦極爲危險，而百分之百地信賴他人也是危險的事。

分辨危險人物的方法

●飯店員應具備的視線術

一般人常根據服裝或儀表評斷他人。尤其是飯店或旅館的從業員，特別注意顧客的服裝而心存警戒。

以下我們以美國和日本爲例分析其間的差別。

●美國

攜帶多數皮包或皮箱的顧客在飯店深受信賴。不論是美國人或歐洲人出外旅行者，都相當注意行李的件數及其重量。因爲，最近多半以飛機做爲旅遊的交通工具，行李超重與否對旅費影響甚大。

譬如，搭乘二等艙雖然在固定重量以下的行李免費，但若超重則必須支付龐大的超重費。

以東京直航舊金山的行程爲例，如果攜帶三件行李箱，超重費可是一大筆數字。從這一點不難理解攜帶三個以上行李箱的旅客並非一般所得的人。

①攜帶大、中、小三種以上行李箱　⇩高級。信賴度高。

②攜帶大、中兩種行李　⇩中流階級。信用度普通。

③攜帶一個皮包　⇩中下流。信用度低。

●日本

不看旅客的服裝或皮鞋而注意其身上穿戴的手錶、眼鏡、皮帶等。手錶的形狀或錶帶是瞭解其日常生活的線索。

據說身上穿著一套新製的西服，但手上戴著一只老錶或腰帶老舊而有裂痕，或手錶高級昂貴，但卻穿著一套不搭調的粗劣西服的人，通常是最近手頭寬裕或爆發戶。

腰帶是我們平常最不留意的物品，但卻明確地暴露個性。脫掉上衣時如果褲管上的腰帶顯得老舊，旅館的服務生通常心理有數。不把這樣的客人當成上流貴客。

爲了旅行而打點身上衣物的人，多半會疏忽掉皮帶的講究。

被炒魷魚的一句話？

●發現滿嘴美詞麗句者的眞面貌

以下介紹某實業家的實例。

一名穿著齊整有如紳士的中年人到某實業家的公司，手上拿著介紹函。該介紹函上寫著：「這個人值得信任，請錄用爲經理。」介紹者是鼎鼎大名的人物，而這位中年人人品似乎也不錯，於是實業家告訴他：「請來實習兩個月吧。」

這個人上班的第一天打烊時，實業家問他：

「怎麼樣？這個店？……」

「這家店的A先生、B先生非常好，似乎做起來相當有幹勁。」

他堂而皇之地回答。

第二天同樣地下班後他又做了報告。

「老闆的經營的確有一套。我長年來擔任經理的職務，卻從未見過如此訓練有素的商店。」

第三天下班後又到老闆的跟前說：「C先生、D先生似乎不懂得待客之道。」一臉不滿的表情。

這位實業家聽完他的話立即說：「明天不要再來了。」這位實業家何以把這名中年經理炒魷魚了呢？

「第一天讚揚店裡的人，第二天奉承老闆，第三天說自己不滿意者的壞話。所以，第四天一定會對自己做宣傳。」

這位實業家冷靜地細聽這名男子三天裡所說的話，而看穿其眞面目。

因爲，人具有先讚美他人、責備他人，最後吹捧自己的心理。

是否隨時具備這樣的視點，將決定日後是否成爲經營者的條件。

老實人說謊……

服務於某公司的司機K先生雖然任職期間只有六個月，在同事之間卻相當得人緣。

某天他必須送董事長到機場，搭乘早上七點鐘飛往大阪的飛機。他將車依約定的時間於六點開往董事長的宅邸，到達時尚有充分的時間前往機場。

車中K先生向董事長說：

「董事長，昨天晚上我作了一個非常奇妙的夢。不知是什麼緣故董事長您拿著一把小刀指向我。我感到害怕，在情急之下想奪下董事長手上的小刀，但一不注意那把小刀卻刺向董事長的胸膛。眞是個奇怪的夢。」

董事長對K先生所說的話略微爲不悅，但他談得起勁並沒有注意到董事長的神態。

「辛苦你了。這麼一大早。」

董事長倒是以感謝的心情對K司機表示慰勞。K司機聽了董事長的話，微笑地回答說：

「昨天晚上我值班，所以能早一點來。」

兩天後，到大阪出差的董事長命令將K司機革職。

K司機何以被革職？

多數人必認爲，K司機在將要搭飛機的董事長面前，說了殺人等不祥的夢而被炒魷魚。

但若以這個理由來解雇早晨六點用車接送董事長，確實地執行任務的K司機，未免過於小題大作。

那麼，到底董事長是基於什麼樣的理由解聘K司機？

理由非常簡單。K司機並非對工作忠實的職員。因爲，K司機最後所說的話是「因爲昨晚我值班」。值班的他卻說「作了夢」。他並沒有忠實地執行徹夜不能睡眠、責任重大的值班工作。董事長是因K司機所犯下的過失，而看穿他對工作的怠慢。

由職業別觀察人的技巧

●這個人才是嫌犯！

資深刑警在偵訊嫌犯時，據說非常注意對方的肢體動作。對刑警的質問置若罔聞，一副馬耳東風模樣的人並非嫌犯。以動作表示「荒唐得不得了誰聽得下去」的心態時，通常會像是個撒嬌的孩子轉身向一邊。

而專注地凝視刑警眼光的嫌犯，通常是相當危險的人物。一般而言他們已下定決心，毫無所懼，若非有充分的證據絕不可能使其招供。而最輕易攻陷的是眼神慌張、眼光閃爍不定

的嫌犯——這種人稍微給予威嚇立即招供。

具有罪惡意識且對自己的罪行感到畏懼的人，在行止動作上也會顯得慌張、不踏實。

◆一眼看穿逃稅者的不安與疏忽

某稅務署長也曾說過類似的話。

據說當他們調查似乎有逃稅嫌疑的公司時，碰到對方的董事長一副怒不可抑的態度迎面而來時，通常立即打退堂鼓。如果對方一副卑躬屈膝的態度，以禮相待時，反而會執拗不休地深入調查。因爲，如果查稅員事前所調查的情況有所出入時，對方自然會怒吼：「察查不實！」

那位稅務署長認爲：人具有兩個以上的弱點時無法強烈地表示憤怒。這乃是憑其經驗所累積的人間觀察法。因此，如果稅務署方面所調查的事項出現三個以上的差誤，即給人「察查不實」的印象，而造成對方怒吼的結果，因而「怒吼即回」乃是奉行的鐵則。

人動起感情或勃然大怒時的動作會暴露其內在的眞實感受。有些人反用這個心理，刻意讓對方動怒以觀察對方。

●推銷員找出眞正的富翁而成功的例子

平時若不經意的動作通常會暴露個人的性格。平日細心地觀察各種類型者的動作並做比較時，自然會練就一套有趣的人間觀察術。

某汽車公司的推銷員K先生，是銷售業績高居榜首的職員，在公司裡也相當得人緣。他在開拓汽車推銷生涯的過程中有一個有趣的插曲。

據說在推銷工作上令其最感辛苦的是，如何找到有盈餘購買汽車的人。雖然汽車已大衆化，但一輛價值五十萬元以上的汽車也非同小可。

他進入汽車公司之後的一、兩個月，承蒙他人的介紹及與形形色色的客戶接觸的結果，深切體驗到看似有錢者意外地兩袖清風，而看似身無分文者卻是大財主。

他發覺被介紹者是基於對介紹人的體面而佯裝「有錢人」的模樣，卻非實際能購買汽車的人。

因此，他自創一個找出「眞正有錢人」的妙計。

首先，他調查各家飯店或大餐廳所舉行的宴會。然後直接前往主辦者的公司，向主持宴會的負責人央求：「人手可能不足，可否讓我充當櫃台接待的工作？」多數公司因爲他就職上流的汽車公司而應允。

但是，他何以主動要求擔任宴會的櫃台工作呢？他的目的當然不是在櫃台接獲來客名片時，認識對方而於日後做爲推銷的對象。

擔任櫃台時他最關心的是觀察來客支付會費時的動作。根據他的觀察可分成以下各種不同的類型。

假設是會費五百元，當天支付的餐費。

①掏出一千元鈔票找零的人。

②詢問會費是多少，再以千元鈔票支付的人。

③拿出五張皺巴巴的百元鈔票的人。

④掏出整潔的百元鈔票，確實數過再遞出的人。

⑤從口袋掏出五、六張一千元鈔票，從中徐緩地掏出一張的人。

在這五種類型中他會筆記第四類「掏出平整的百元鈔票的人」。以這些人為目標推銷汽車。這乃是他推銷成功的秘訣。

①掏出一千元鈔票者大多數身上帶有百元鈔票。碰到宴會應該會準備小額金錢。對這種人而言，一千元鈔票是誇耀自己的虛榮或地位的象徵。

②一般人會先看過宴會的邀請函再出席，而這種人到了會場再詢問會費，可見其生性懶散。這種人恐怕無法據實地支付按月付款的汽車貸款。

③以皺巴巴的五百元鈔票付款的人是生活困頓或基於義理人情出席的人。

⑤和①類似。具有虛榮心，但在私生活上顯得吝嗇。

那麼，何以④的類型最適合做為推銷汽車的對象呢？原因有以下數點。

帶有許多百元鈔票。

全都是剛從銀行提款的新鈔。

由此可見這種人平日需要利用百元鈔票。從這一點來考慮可能是經常搭乘計程車的人。

而出席宴會這一天不掏出一千元鈔票而以百元鈔支付，乃是平時不攜帶高額金錢的人。

而特意從銀行提領嶄新的百元鈔票，不可能是沒有錢的人。從中可以判斷平常的付款是用小額支票或簽帳，或使用信用卡。事實上公司的高級主管中有越來越多人平時並不攜帶現金。

另一點是以百千元鈔票付會費並不感到畏縮、羞澀，也無自己是富翁的驕氣。仔細細數百元鈔的動作乃是具有牢實的經濟觀與責任感的人。

日本財界的長老原安三郎先生不論金額多寡，一旦領取後必開封仔細數過才認帳。這乃是眞正的富翁應有的動作。K推銷員的人間觀察力在這一點上也是正確的。

制客機先的方法

名片隱藏玄機

從名片可以推測「公司的成長性」「不穩當的公司」等。

各位不妨調查一下所會晤過的形形色色者的名片，從公司的高級主管到一般的職員。

以下列舉對方公司內的人事管理、經營方針處於不安定或具有許多陷入危機的要素的注意事項。

Q1　名片的格式是否各階層職員統一？

如果經理使用「橫寫」而課長使用「直寫」樣式不同的名片，該公司內必定有許多造成問題的要因。尤其是公司名的表示方式、住所、營業所等，雖屬同公司職員卻因名片而有不同時應特別注意。

Q2　名片的姓名印刷彎曲或滲有墨汁水？

公司的印刷品從一般書類到名片，通常是由固定的印刷廠製作。因此，不可能出現文字彎曲的情況。若有墨痕、文字彎曲等情況，乃是速成的名片，換言之是應景、湊合製成的印刷品，通常利用於詐欺或不正當的行為。也可能引起信用上的糾紛。

Q3　是否添加橡皮印的文字？

名片的說明中若有用橡皮印記載「○○課」或特殊的語句，通常使用於不動產詐欺或不正當推銷，信賴度較低。在各公司遊走從事推銷的職員，其名片上雖然用活字印刷姓名，但公司名、職務名可能用橡皮印蓋上。

Q4　名片的裡側是否有筆記、塗鴉？

在名片裡側有時會有意外的發現。有時不經意交給他人的名片上留有筆記。甚或胡亂塗鴉，有時可從塗鴉中發現其公司的秘密。把背面留有筆記的名片遞給他人是表示當事者並不

使用筆記本，在金錢、工作計劃等意外懶散的人。履行約定的機率非常低。

Q5　是否記載許多電話號碼？

有些名片上記載著許多電話號碼。若要調查這類公司不妨打電話到並排在數個電話號碼中最後的那個號碼（小企業常見這種情況）。有時會碰到與該公司毫不相關的公司或人物出來接電話的情況。有些人即利用這樣的方法防範詐欺事件於未然。

Q6　是否類似大企業的名稱？

請注意下列的公司名稱或職位。

如果看見「臺灣××」「日立○○」「第一△△」等公司名稱，最好調查一下電話簿以確認是否是實際存在的公司。

另外，「三井商事　營業所」「三菱物產　不動產部」等若有令人錯覺以爲是日本三井物產、三菱商事等著名公司的公司名稱，最好帶以存疑的眼光以測安全。

有一名曾經到我的住處拜訪，意圖不良的老外，他用日語製成的名片欺騙女性。名片上的頭銜是作家、教師、技師，而名字則是達格拉斯・R麥克阿瑟。從名字看來似乎是美國某著名人士的貴公子。而且名片上還記載著北歐語言學會會員，令人以爲是名學者。

接獲這種名片者，自然會錯覺地以爲他是人格相當優秀且來歷非凡的人。但是，以地域而言並沒有「北歐」這樣的集團，更不可能有所謂的北歐語言學會。

●介紹函所洩露的眞正關係

對於拿著介紹函前來訪問的人，我們該注意那些事項？

首先，對於攜帶名片上寫著介紹文的人，要注意其代爲介紹的名片上是否蓋有印章。一般給他人介紹時若誠心推薦通常會蓋上印章。而印章所蓋的位置根據介紹者的心態而有不同。

若是誠心代爲介紹的人，通常會在自己名字的正下方Ⓐ內蓋章。但也有Ⓑ或Ⓒ的位置。Ⓑ通常是以不置可否的心態代爲介紹或基於義理人情不得已所蓋的章。從介紹者的一個印章即可瞭解當事者的眞意。

目標中人的眞面貌？

●佯裝視而不見是觀人的高招

心理學家法蘭克・H・狄維斯說：「評價或判斷他人時絕對不可讓任何人知曉。否則被觀察者必心存警戒。」

每個人都渴望表現自己最佳的一面，呈現在在公司的上司或情人眼中。

相信有不少人婚後對結婚對象與婚前判若兩人而哀歎不已吧。婚前言行舉止有如大家閨秀的女孩，婚後卻頑強任性、粗暴有如男人。同樣地，婚前一副溫柔體貼、對女友百般呵護的男人，婚後即擺起大男人主義，不再有昔日的憐香惜玉之舉。事後的悔恨、不平已於事無補。

若能在對方毫無設防之下，看穿其眞面貌，對自己必有極大的幫助。

某公司高級主管曾對我說出令人省思的一席話。他經常使用日常做爲考核新進職員的場所的洗手間。這時他仔細地觀察在廁所不期而遇的新進職員，如何向他打招呼。

在那個洗手間的便器小解時，一般人碰見上司也前來如廁通常會心驚膽跳。

但這位高級主管所覬覦的正是在這樣的條件下，對方如何動腦筋做適切的招呼。這套人間觀察法倒是挺捉弄人的。

多數人在這樣的情況會佯裝不知而刻意岔開視線。這位高級主管認爲這種人只要加以指導應可成大器。而其中有人在高級主管身邊坦然無所謂的小解並說：「早安」。其中也有人辦完事後，在入口處靜悄地等候主管出來再給予打招呼。

該高級主管對於這兩種類型特別用心地教導。

因爲，與主管並肩小解而心無畏懼且能打招呼的職員，是富有勇氣的行動派，但可能不遵守常識而與周遭人發生糾紛，甚至可能在拜訪顧客之時給他人帶來麻煩。

而在入口處等後打招呼者，以新進職員而言過於拘泥形式，恐有落於消極的危險。據說過於拘泥形式者在教導上煞費苦心。

此外，還有許多在他人毫無警戒的狀態下看穿其盧山眞面目的方法。

據說美國大財閥之一，約翰·D·洛克斐勒觀察人的方法是注意看目標人物的同事如何看待這個人、這個人與人應對的方式或日常生活的環境等，在對方毫無留意之下看穿其眞面目。

舉例而言，洛克斐勒會利用星期假日突然造訪職員的家庭，看看對方的書櫃裡擺放著什麼書籍，或在飲酒談話中對所談的話題深入地揣測研究。

有一名女性不動聲色地拆穿丈夫在外的風流豔遇。

自古以來常見爲人妻者看見酒吧或舞廳的火柴盒即逼問丈夫的行徑。而我所認識的一名女子也經常調查丈夫攜帶回來的火柴盒，但她從未藉此大作文章。

不過，她會詳細地筆記火柴盒上的名稱。但是，一旦發現和往常帶回的火柴盒不同的新火柴盒日漸增多時，則開始責問丈夫。據說這個效果可謂一針見血，因爲，她的丈夫已和火柴盒所屬的酒吧女老板打得火熱，只差越過雷池的境地。

●一眼拆穿心事！

某月底的星期六，自營公司的少董M先生突然打電話到我的家。

電話中說：「務必見您一面。等一下用車子過去接您。」並沒有說明來意。只說要招待我到俱樂部。

車內我對M先生直接了當地開口說：「需要的東西本來就需要。」「您看出來了嗎？」他慌張地說明自己眞正的用意。

自從我的書暢銷之後，有許多親戚朋友不斷地向我告貸。雖然所得並不如他人想像地多，但卻有許多人覬覦他人的錢財。「捐獻！」「借給受災受難的我十萬元吧！」就連只是曾經謀面的人也登門造訪無理強求。

但，何以我一眼拆穿M先生所要的是金錢呢？我的評斷只是因那是月底的星期六。多數的公司都開支票。支票的期限通常是每月的五日、十日、十五、二十日、三十日。

中小企業常爲支票的給付忙得團團轉。如果期限又是星期六，必會因資金籌措忙得焦頭爛額。既然是支票，雖然是一百萬元的金額中僅不足五萬元也變跳票。對從商者而言支票跳票是最大的致命傷。因而無論如何也要想辦法籌足資金。

不動產公司的欺騙伎倆

●保持冷靜稍做思考的頭腦

不動產的買賣最容易發生各種的糾紛。誠如從前對於仲介不動產的人戲稱「三七仔」不

動業者中有許多大吹法螺、不切實際的人。筆者本身也曾經有兩次落入不動產仲介者的圈套。

當時我打算在東京的赤坂租一間辦公室當事務所。我翻閱東京第一大報的S報廣告欄而造訪「東海觀光不動產部（假名）」，結果對方招待我去看建築中而有適當辦公室出租的M大廈。

招待者得意洋洋地說：「這棟大廈是敝公司相關公司的建築。」當時我所參觀的辦公室隔壁的確有一間外面寫著「東海大廈管理　社長室」與該不動產公司同名的辦公室。

「目前像交通這麼便利、條件好的出租事務所已找不到了。因爲，這是敝公司的關係企業。」我相信他所說的話。房間的大小、設備和我所構想的類似，因而已有意租借這間辦公室。

招待我前來參觀的男子似乎已察覺我的心態而不停地遊說：「除你之外還有兩個人想租這間辦公室，如果現在不決定的話……」一再地催促我訂定契約。於是我當場用支票支付五萬元的訂金。同時，也從他身上拿了收據。

我們約定餘款於訂契約時付清而分手回家。但是，我生性多疑在離開不動產公司返回家裡的途中，內心一再地萌生許多疑問，總覺得那個不動產業者有點可疑。於是我立即返回建築中的M大廈。

我在入口處看見「洽詢者請到一樓的管理室」的指示牌後，更加深我的疑慮。五樓的管理事務所和這個管理室到底有何關係？

我加快腳步走進一樓的管理室。一名態度親切的中年婦人對於我的問題詳細地說明。聽了這位婦人說的話，我發覺我完全地受騙了。

因爲，「東海觀光不動產部」和這棟M大廈的所有者毫無關係，據說在建築期間自稱東海觀光不動產部的人數次前來央求，讓其代爲仲介大廈出租事宜，管理員不得已才答應。而且，這棟大廈的所有者並非「東海大廈管理」。從婦人的話中我也瞭解押金實際上是二十五萬日幣而非五十萬。

我獲知全盤事情之後立即到不動產仲介公司告訴對方有許多可疑之處，渴望取消契約，我要求社長前來處理這件事。

結果三十七～八歲左右的青年董事長一改以往和顏悅色的態度，牢牢地盯視著我斷然地說：「押金誠如你所言是二十五萬元，但其餘的二十五萬元是給不動產公司的禮金。你有什麼不滿嗎？」

「根據東京的法令，給業者的禮金規定是房租的一個月份。」我也不服輸地壯著膽使出渾身力氣狠狠地盯視董事長。不知何時五、六名凶神惡煞模樣的男人圍站在我的身邊。

這點威嚇嚇不了已有數次被威脅、恫嚇經驗的我。難道我還怕你們的威脅嗎？如果對方是一群野狗，我可是靠著一隻筆闖蕩江湖的一匹狼。

我並非捨不得這一點金錢，但生性記恨受騙上當的我，事到如今絕不低頭撤退。

「你，是打算終止契約！」

「你若執意這麼做，當然終止契約！」

若是口頭上的爭執，絕對有自信不落人後。我好整以暇地想看他還能吐出什麼象牙來。

「終止契約？既然如此讓我看看剛才你拿的訂金收據！帶著吧？收據上應該明白地寫著『不論任何情況絕不退款』。」

我早已料到他會說出這樣的話來，當時接獲收據時就覺得字裡行間頗有玄機。

「我沒有從你手上接獲收據。」

我拿了收據卻告訴董事長沒有拿到收據，他有點驚訝的表情一臉錯愕。

●千鈞一髮脫危！

對方若以法律主張自己的立場，我也可以尋找法律漏洞。

既無法證明我已收到收據，即使對方要求「依據收據上明文規定」我也可以裝糊塗不予置理。

「那麼，我也沒有從你身上拿到錢喔！」

董事長以爲這下子我必無言以對而略微沾沾自喜，但這點小聰明早在我意料之中。

平常我對於各種契約金或支付的款項從不使用現金。必定以畫有橫線的支票透過銀行支付。而且，支付日期都是星期六。因爲，一旦有所糾紛可爭取時效。

「你說沒有收到金錢，但我確實交給你一張支票。既然你說沒有收到金錢，那張支票就當做跳票吧！」

利用銀行轉帳的支票交給不動產公司，乃是爲了預防萬一的顧慮。星期六開出支票隔天是星期日，交易銀行在處理這張支票必須延至星期二，所以有四天的時間可以思考對策。如果在這四天內狀況有異，可以以「不履行契約」或「違反契約」使支票不對現而不必支付款項。

「只要當做不兌現處理支票，那張支票還會回到我的身上。只要我向銀行通報一聲即變成不兌現支票。」

董事長聽到我這句話後，態度立即變得緩和。

「我們再慢慢地談吧。就依你的要求禮金二十五萬就行了。」

我根本無意支付二十五萬元。我強烈地主張要依照法律規定只支付一個月的房租。我身邊那群凶神惡煞各個口出威嚇之言。但是，董事長看似個知識份子。他似乎已看出情勢對自己不利。於是答應依我的主張只支付一個月的禮金。

相信也有人和我有類似的經驗，被不動產仲介騙取了大把的錢財。但是，並不只有不動產業者才有詐財的商業行爲。在四處仍有類似的交易正再進行中。

我在赤坂成立事務所之後不到一個月，那個所謂的「東海觀光不動產部」已消聲匿跡了。隨著大廈的興建而開張，並以和大廈類似名稱做爲不動產仲介的行號，爲的就是覬覦善良老百姓們的口袋。

看穿隱藏在暗處的人間力學實例集

掌握看穿他人的要領後有許多益處。以下的插曲實際上是巧妙地識破他人謊言的著名人士的實例。

●畢卡索的畫用幾個文字可以說明？

某出版社將出版畢卡索的畫集，他們一再地請求畢卡所對每一幅畫附上詳細的說明文。但畢卡索以「我的繪畫不需要說明」為由回拒。但出版社方面仍盡其可能地要求畢卡索寫些文章。因此，畢卡索心想既然那麼需要我的文章，就在白紙上寫下英文字母交給對方。

畢卡索笑著說：「我想說的事就在這些文章裡頭，你適當地給予拼湊並從中想像吧！」

●專業服務生的待人技巧

這是在美國某鐵路餐車上發生的事情。平時成績表現非常好的服務生接獲一名身材略微肥胖的富翁紳士點「漢堡、牛排」。當服務生將「漢堡、牛排」送到那位紳士面前時，他勃然大怒地吼叫著：「我根本沒有點漢堡！我叫的是三明治。」氣勢凌人的責難服務生。

結果那位服務生明知餐桌上傳票上寫著「漢堡一個」，也仍然鎮靜地回答：「這是我的疏忽，眞對不起。立刻給您換三明治。」

用餐完畢後那位紳士看見餐桌上的傳票，發覺是自己的過失。他向服務生謝罪並支付三明治與漢堡的費用，同時多給小費後離開食堂。

這個插曲的服務生所說的一段話平撫了紳士的怒氣，同時也保護了對方的自尊心，據說那名中年紳士是某著名的電影明星……。

死前的死亡通知之妙

日本相聲界的元老三遊亭金馬先生，在死前寫了一則死亡通知刊載在報紙上，這則死亡通知使他的人品在朋友、知己之間強烈地留下印象。死亡通知的內容如下

「此次，平安死去，請放心。依平日的意志，請送生花假花做爲供養之物，請原諒我平常的頑固。也許百年後將從極樂亭駕著賽河原的霧葉前來相會，祈求各位長生不老。謹致生前謝意。」

覺得他人說謊時

「覺得他人說謊時不妨表現起疑的態度。他人會變得更大膽說出更嚴重的謊言而露出眞面貌。」

叔本華

毛姆的暢銷作戰

英國的小說家毛姆，尚未成名之前常為如何促銷自己的書而大傷腦筋。在他百般思索之後在報紙上刊載以下的「結婚廣告」，目的是為了使自己的著作暢銷。

「喜愛運動、音樂、富有教養且帶傷感情懷的年輕富家子弟，徵求各方面與W．S．毛姆最近小說的女主角一模一樣的年輕、貌美少女為婚姻對象。」

看到這則奇妙的廣告，不僅是女性，連男性也興起想一睹毛姆小說內容的渴望，因此，他的小說立即成為暢銷書。

●瞬間掌握是為金錢或眞心交往的觀人術

日本關西喜劇界的泰斗S先生，是鼎鼎大名的花花公子。這個人風流豔遇之後的處理方式以有其特徵。但是，S先生也有馬失前蹄的時候。

任何男人在外拈花惹草之後通常以金錢善後，但有時也利用金錢測試對方的眞心。

S先生拿幾張一萬元鈔票給女人時，有些女人會回絕：「我可不是因為錢才跟你上床！」

因此，他故意在女人的面前將一萬元鈔票丟進火爐內燒毀殆盡。如果那名女人所說的是謊言，必會慌張地伸手去接。S先生看到這個景況即說：「妳看，金錢才是妳的目的。」如此即可立即分手。但是，與S先生偷情的女子看見一萬元鈔票掉進火爐內也不為所動，只撇過臉去。

從此之後，S先生動了眞情而與這名女子難分難捨。

●一句話益處多多的待客之道

日本講談社的創業者野間清治先生，經常告誡家人，接待前來拜訪的顧客時必先告訴對方：「我家主人有點感冒。不知如何是好？我暫且爲您通報一聲吧！」

野間清治認爲無法面會時，一旦通報之後再以身體不適爲由告訴對方無法見面，必會令對方認爲是「說謊」，而滿臉鬍鬚未修理門面時，與訪客會面也可託詞是「生病」的緣故，不至於造成失禮。

「有點感冒」這句話是日常簡便的應對話，也可獲得顧客的信賴。

●看穿贗畫的林芙美子的著眼點

以放浪記而聞名的林芙美子，似乎對收集西洋名畫也有興趣。身上有錢即透過畫商購買名畫。

有一天，畫商帶著法國的亨利·盧梭的畫到她的家裡時，她一眼識穿那是幅贗畫。

林芙美子之所以看出那是幅贗畫，是因爲畫中人物的臉部彷彿抹上白粉似地顯得特別潔淨。

亨利・盧梭是名稅務員，在貧困的生活中偷閒畫畫維生，所使用的畫具並非上等貨。因此，空白處通常用畫具的碎片塗飾。而這幅畫中臉孔的空白處塗著一層完整的白蠟，乃是蹊蹺之處。林芙美子做此判斷後而認定是幅假的盧梭畫。

●一封信隱藏有多少的含意

這是某著名作家的故事。這位小說家的獨生女婚後第二年突然跑回娘家哭訴。

「我再也不要回到那個人的身邊。太過份了！」

面對嚎啕大哭的獨生女，小說家說：

「我知道了。妳說的沒錯。我好好地教訓他。妳把這封信拿去給他！」語畢交給女兒一封給其丈夫的信，讓女兒暫且返回家裡。

從妻子手上接獲這封書信的丈夫，翻開閱讀後禁不住發笑。

爭吵鬧翻的夫婦因父親所寫的一封信而重修舊好，從此過著圓滿的婚姻生活。

這位小說家的信上只寫了以下這句話。

「此貨乃特價品，請容許不得更換。」

●關鍵在於被奉承者的心理

著名人士——如職棒選手、明星、政治家等對平日自己受人矚目的一言一行已感到厭煩不已。譬如，畫家聽到繪畫的事會莫名地浮躁不安。

某聞名的高爾夫選手與剛從戰場返回的將軍會晤時，所談的話題是自己「釣魚」的情景。他既不談戰爭的事也未曾詢問。

數日後那位將軍寄來一封謝函，表示當時未談論戰爭的事令其感到舒坦，衷心地致謝。詢問軍人戰爭的事或向醫師討教疾病的問題會令人厭煩。理解人所具有的這種心理而在休閒娛樂中，如打高爾夫時，談論與個人工作無關的話題即可拉近彼此的距離。

●白宮式的人間操縱術

這是發生在美國故總統羅斯福的時代。

白宮的洗手間經常準備著許多擦拭手的毛巾，由於毛巾上印有總統官邸的文字，而有許多人竊取做爲紀念。

羅斯福總統於是想出各種防竊方法。他令部屬在寫有「白宮」的毛巾上再添上「STOLEN FROM」（從……盜取）的文字。

如果帶回毛巾必立即洩露馬腳，一眼即可看出這是竊盜品。

第3章

初次見面獲得認可、吸引他人的秘密與方法

初次見面的觀人術！

▼五個觀察的要領

我的工作是傾聽形形色色者吐露心聲、洽談煩惱，我會注意接待在日常生活中無人可商量，而到我住處求救的人。

根據我從各種角度觀察表白內心煩惱者的心理，我通常特別注意以下數點。

①對方與自己的座位關係
②姿勢或視線——面談的開始
③談話的進行方式與詢問法
④「YES」和「NO」的說法
⑤面談的結束法

▼根據座位方式掌握暗示

①對方與自己的座位關係

與初次見面者面談時，常因二人的位置關係而改變談話的進行或彼此的信賴感。最初注意到這一點是受到洽談心理學發達的影響。

我本身每天從事洽談活動，在這過程中也從訪問者身上學習到不少經驗。二、三年前我與訪客進行洽談時，座位方式有如刑警詢問犯人一般，彼此面對面的交談。這個位置關係似乎給對方產生極大的威壓感。

彼此之間很難產生親切感。後來改成併坐在長沙發上時親近感油然而生，但卻難以向對方傳達自己的意見。彼此間的會話常見停滯難前的情況。

因此，我改成L字形的坐法，不但有親切感且能順利的交談，彼此間的關係變的順暢。這種座位方式似乎是進行洽談時最基本的坐法。一對一面談時這個坐位方式可避免傷害到對方的自尊心，似乎較爲安全。

若能適切地利用這三種座位方式，可依目的不同帶來效果。

▼面談要注意虛飾在外的語詞及手勢傳達的眞音

②姿勢或視線——面談的開始

浮躁不安地晃動手腳在面談時會給人不良印象。尤其是女性與男性交談時必須特別注意自己的雙腳。但若過於在意而在談話途中拉扯裙襬，反而會給對方感到不安。

目的	作法
1 推銷時	坐在長椅或L字形的椅上。不可面窗而坐。
2 酒吧或夜總會的女	並排而坐。注意盤腿的方式。盤腿時上側的腳朝向顧客的方向。
3 誇示自己的權力時	面對面而坐。對方的椅子比自己的低。選擇臉部朝向窗或燈的位置。
4 想聽對方的意見或煩惱時	讓對方坐在自己的左側、L字形的位置。拉起窗簾避免直接的光線。
5 相親時	讓男女坐在桌子的對角線上。男性的視線朝向女性的眼睛，女性則注視男性的領帶周圍，如此可以使彼此產生親膩感。

談話時略微露出牙齒，清楚明白地擺動口型較能給對方產生好感。這可以面對鏡前自我練習。談話的對象若是男性通常會注意女性的唇部與腳部，這一點可做爲參考。

而男性通常會利用手部表情輔助談話，利用手勢較具有說服力。

目的	手的姿勢
1 渴望對方理解時	談話時只要擺動右手。 談話時伸直食指爲強調話中的內容。
2 被誤解或對方惱怒時	手掌朝向對方，雙手略微高舉地談話。
3 表示共鳴時	不再有手的動作。保持靜止放在膝蓋上。
4 無法贊成對方的意見或感到困擾時	左手輕靠在頭或頸項上。 談話時手碰觸嘴邊。

▼話題的包圍網掌握接觸的機會

③談話的進行法及詢問法

不論從事推銷或與一般人會晤，一碰面即談論自己的來意通常不會成功。最理想的是以共通的話題如四季變化、新聞消息、做爲話題的導入。

通常在這類話題的導入下會有良好的溝通，如果不清楚對方所關心或感興趣的事，盡可能以三或四種性質不同的話題來探討對方的注意點。如科學、藝術、運動、經濟等方面。這時仔細觀察對方各種特徵也可能瞭解其興趣或工作內容。

特徵	隱含的事情
1 手掌硬挺但外側皮膚柔軟	對高爾夫感興趣者。運動員。
2 右手中指長繭	作家、媒體相關業、研究家、從事書記等職業。
3 左側口袋或左手肘油污	左手撇的人。家具相關的工匠、木工。
4 拇指粗大的人	按摩師。
5 小指彎曲者	多半是理髮師或美容師。

▼常用不置可否的表現嗎？

④「YES」與「NO」的說法

與人會晤談話時最失敗的是想「拒絕」卻因表達方式不好而給對方產生「答應了」的印象。

「我覺得不可能，但我想辦法……」這種說詞令人以爲是「YES」。

而「我想儘量給你幫忙，但可能不行」這樣的說法會令人有七分是「YES」三分是「NO」的感受。

「拒絕」時明白地表示以免後顧之憂，但「我儘量想辦法」「可能不行吧」這類曖昧的表達法卻有助於溝通上的順暢，而達到潤滑劑的效果。

▼如何順利地結束話題？

⑤面談的結束法

將當天二人的對話重新整理、反述一次，歸納出兩個重點，而說將研究使當天的問題成為另日的話題，來結束談話最具效果。在談話的最後如果無法給對方產生對自己有利的印象，則無法加深信賴感。

如果是初次見面者，談話過程中應避免一再地用「你」的二人稱，而偶而直呼對方的姓名，如此更能加強彼此的親近感。

以下介紹沉默地表示談話到此為止的心意。

①原本深坐在椅上的姿勢，輕輕地往前挪移。
②將放在桌上的對方名片，放進自己的名片夾內。
③移動茶杯。
④暫時保持沉默。
⑤離開座位。

M失去信用的人W

▼無法掌握話中的眞義即落入陷阱

從事推銷而與顧客應對時，或在公司內與上司接觸時，人際關係之所以發生齟齬，通常自己要負絕大部份的責任。

因爲，一般人常以自己的感受評斷對方或過於堅持己見，無法客觀地理解自我雙方所處的環境。舉例而言，接獲上司命令：「明天下午三點以前把名片做好。」而立即到印刷廠訂購，結果對方說至少要花三天才能完成。

這個部屬回到公司後如果直接向上司報告：「名片聽說要三天才能完成。」他必定被上司當頭棒喝。

如果這位部屬因而認爲上司無法理解部屬，或憤恨上司不講道理，錯誤乃在自己身上。

上司指定明天三點以前必須做好的名片，也許是因爲公司的重要公事出差，必須在三點以前取得，或與公司關係重大的人士的喪禮在下午三點舉行。

如果無法充分地判斷這些客觀狀況，只將印刷廠的回音報告給上司，這樣的態度是不對的。無法獲得上司的信賴也是理所當然。

因爲，這位部屬並沒有確實履行上司所交待的命令，只是傳達印刷廠所說的話，結果變成他人的差使。

當然，只是確實地履行所接獲的命令尚無法充分地獲得他人的信用。根據工作的性質，有些必需配合對方步調再採取行動才能獲得信賴，而有些則應積極地表達自己的意見，或給予批評才能獲得信用。

▼掌握顧客信用的做法

美國大飯店亞斯特里亞飯店在待客之道上，特別嚴格地訓練服務生。他們遵循創業者史搭克拉所標榜的「顧客是至上」的理念，即使顧客點叫「半熟的牛排」事後又抱怨說：「我是說要九分熟的牛排。」碰到出爾反爾的顧客也要表示：「對不起。再爲您換一道九分熟的牛排。」一切糾紛的處理完全以顧客爲主。

如果逞一時之強與顧客爭執而破壞顧客的情緒，縱然飯店設備再好、房間裝璜再高級，顧客對飯店的評價也會一落千丈。筆者個人在美國旅行時也曾有類似的經驗。有一次在飯店打電話，告訴接線生對方的電話號碼時。

當時我要打給五三〇四號而說：「Five・Three・Zero・Four」接線生聽到我的話立即反述一次說：「是Five・Three・Zero・Four吧」。另外有一次我同樣接這個號碼而故意說「Five・Three・O・Four」而對方也同樣地反述「是Five・Three・O・Four對吧。」

因此，有一天我又故意說：「Five・Thousand・Three・Hundred And Four」。結果接線生仍然以我的發音重複一遍。

接線生聽到顧客的發音或讀法，即使出現差錯也具有依顧客的指示反述的義務感。這一點細微的體貼可以使人產生親密感。

你是能幹的人嗎？

▼賭注的眞正勝負

失去信用的契機通常起源於細微瑣事。

某心理學家曾調查離婚者之所以離婚的原因，結果發現鮮少有人是因彼此性格不符或對彼此不再有愛情，相對地，日常生活中不滿對方每天早上用完牙膏後忘記蓋好蓋子，或吃飯時逕自看報紙、煙灰抖在橘子皮內等等瑣碎小事，日積月累之下而對婚姻伙伴感到失望。

細微瑣事足以失去他人對自己的信用，但同樣地微不足道的事情也能獲得對方的信用。

心理學家且是評論家的德納爾特・A雷安特，曾以一個奇妙的方法獲得某雜誌總編輯的信服。

某天，他接獲該總編輯請求出版其刊登在報紙上的評論輯。但總編輯所提出的稿費相當低。他當然沒有因爲稿費低而拒絕，但卻對他說：

「我有一個建議。現在我擲出這個銅幣，如果露出表面我讓你免費出版那本評論輯。如果是裡面，則請支付您所說的稿費的兩倍。」

投出銅版後所得的結果是表面。於是，他答應不收任何稿費出版此評論輯。

乍看下這個結果是德納爾特的損失，但從此之後總編輯對他的信賴感日增，陸續地爲他出版新書。

▼你會怎麼辦？

請參考上述的觀念再來思考以下問題的解決法。

Q問　題

❶想從事新的工作，經過一年以上研究的結果決定開「麵館」。但爲了慎重起見決定詢

問前輩或友人的意見。

若是你詢求前輩或友人的意見時，如何才能獲得值得信賴的意見呢？請從以下的ABCD中挑選一項。

A「我決定認眞地做，同時也符合預算。但爲了慎重起見想傾聽您的意見。」

B「我研究了一年決定開麵館。最後想聽經驗豐富的您的意見。」

C「我想這是份相當困難的工作。因而想請教您的意見，藉助您的力量。如果您覺得不妥我打算取消這個工作。」

D「我毫無自信。但對我而言我覺得這是最熟稔的工作。我想請問您的意見。」

❷爲了支借十萬元而到五個朋友家中求援。他們並沒有立即應允，其所說的話如下。你覺得其中那一個人最值得信賴？

1.、你的事情我想儘量給你幫忙，但我先跟內人商量一下……。

2.、我不願意因爲金錢的事情犧牲掉友誼。

3.、我替你找可以借錢給你的人吧。

4.、月息兩成行嗎？

5.、老實說我沒辦法借錢給你。

對於上述兩個問題你的答案是什麼？

測驗❶的問題以C的答案最爲理想。

向他人詢問意見時若像A或B以自己已下定九〇％的決心爲前題再洽詢對方意見，聽者通常會認爲對方既然已經過長久的研究又有幹勁於是不再堅持，通常以迴避責任的方式說「好啊！」這乃是一般人的心理。

尤其像A的說法：「爲了慎重起見……」聽者不會基於對方的立場說出己見。而B的情況「做了一年研究」「決定開麵館」等自我判斷的意見等於是向聽者陳述主張，對方會因既然你已研究了一年而不再多做建議，通常會順著你的話意陳述意見。D的說法完全地使對方失去陳述意見的興趣。

❷的問題以2、3的答案較普遍。

碰到金錢的問題則迴避自己的責任，而

以「和内人商量」或「代尋貸款者」爲由的人，在人際關係中無法對自己的行動、言詞負起責任，通常是缺乏決斷力的人。而1、4則是相當巧妙的間接拒絕法。

像4的方式提出「月息二成」的條件，其前提乃是對方不可能以高利告貸。同時，具有使對方產生「只要拿出兩成的利息即貸款」印象的效果。

實力派推銷員制敵必勝術

▼美國式心理戰術

世界聞名的百科事典出版商「布利塔尼加」，其家庭訪問的推銷技巧之高妙也令人津津樂道。

在美國的中產家庭幾乎都曾經接受布利塔尼加推銷員的拜訪，而有許多人因其巧妙的說服力而購買百科事典。甚至有不少美國人對布利塔尼加的推銷員帶有強人所難的印象，並認爲它彷彿是糾纏不休的推銷員的代表。

而在國内也引進了強迫購買的推銷法、充分掌握心理販賣戰術的美國式推銷方式。

「布利塔尼加」推銷法和一般的「硬性推銷」不同。性質上它不同於把粗劣品妙語如珠地說成正貨的「惡質」推銷法。而是讓顧客認識「好貨」確實是「好貨」的心理戰術。

▼測驗你的構想力

使顧客產生信賴感的美國式心理操縱法究竟如何？他們是用何種說服方式使顧客理解自己？以什麼樣的構想引起對方的關心？

各位在揭開這個謎底之前，請先做以下簡單的測驗。針對以下各個問題，盡可能運用你的構想力，想出令人產生共鳴、覺得合理的答案。

Q問　題

❶「紅蘿蔔」是營養價值極高的食物。含有豐富的維他命、鈣質及鐵份。因而某位母親希望自己的孩子每天能吃「紅蘿蔔」。但這個孩子偏偏不喜歡而抗吃。如何才能解決這位母親的煩惱呢？

❷某調味品製造公司的高級主管，正苦惱著該如何以較少經費讓現有的營業額增加一成。結果他想到改良裝成調味料容器的方法。高級主管是如何地改良容器呢？

❸某營業額高居全國第一的鋼筆製造商，有一家附屬的墨汁製造公司。但是，該墨汁製造公司的營業成績最近呈現不良的情況。總公司於是變更鋼筆的製造量而提高附屬公司的營業額。總公司到底想出了什麼構想？

❹理光的市村清先生曾經接下重建一直呈現赤字經營的「T」鐘錶公司的重任，結果他改良鐘錶的構造而大幅地增加營業額。市村先生是想到什麼樣的構想，而讓大衆化的手錶給人產生「高級手錶」的印象呢？

❺某糕點廠商最頭痛的問題是砂糖的價格變動快速。不可能因每次價格的變動而更改糖果的定價。因此，業者想到一個隨著砂糖價格變動而調整糖果砂糖使用量的特殊方法，這個方法並不需要變更糖果的形狀或大小。

什麼方法可以不變更一個糖果所使用的砂糖量，而且也不會改變每個糖果的成本？請注意觀察平常所吃的糖果。從中必可找到解答。

針對上述五個問題，你的答案如何呢？

❶的解答↓若以傳統的觀念而言，可能會出現「以身爲父母的權威強迫孩子吃紅蘿蔔」或「在料理法上想辦法使『紅蘿蔔』的味道適合孩子食用」等解答。碰到這個情況，美國式的推銷員的構想會如何地展開呢？

（A）母親何以希望孩子吃「紅蘿蔔」↓因爲渴望孩子健康發育。

（B）爲何「紅蘿蔔」有助於孩子的健康發育呢↓因含有多量的維他命、鈣質等。

（C）維他命、鈣質只有「紅蘿蔔」才有嗎↓不是。還有其他維他命、鈣質類的藥劑。

（D）如何讓孩子輕易攝取維他命、鈣質呢↓糖衣藥錠的綜合維他命劑。

換言之，母親的要求可以利用變成甜糖或糕點的綜合維他命劑來解決。

基於以上的構想再來思考②的問題，同樣地會發現值得信賴的說服技巧。

你不妨思考一下自己所想的構想和以下的解答有那些地方的出入。

❷的解答↓這個問題所要求的是「以較少經費」「改良容器」「增加一成的營業額」等條件。當然，有人會想到更改原有的設計，而使原本擺設在桌上的調味品煥然一新且帶有裝飾的效果，但這個方法必須全面改造原有的容器，並不符合「以較少經費」的要求。

若要增加一成的銷售量↓必須使消費者多消費一成左右↓若要多量消費，對容器的那些部份會造成影響↓只要加大容器的出口孔即可增大消費量↓加大約一成左右的出口孔的尺寸即能增加一成的消費量。

藉由這個方法，餐桌用調味料的營業額可因加大容器出口孔的尺寸，或出口孔的數量而增加一成的消費量。事實上日本的調味料公司「味之素」正是基於以上的構想，而在同業調味料公司的競爭中拔得頭籌。

③的解答↓既然是國內消售額高達第一的鋼筆製造公司，只要對外宣傳該公司的鋼筆只能使用其指定的附屬公司製造的墨汁即可。（事實上，從前大衆有一個迷信，是派克鋼筆必須用派克公司製造的墨水，而派樂特鋼筆則只能使用派樂特公司製造的墨水，否則鋼筆品質會變差或墨水會變色。）

但是，這類方法難以博得大衆的信賴。

因此，可以採用鋼筆附帶墨水的銷售法。墨水夾式的鋼筆於焉誕生。

④的解答↓一般人對於高級手錶的感覺是十二顆或十八顆鑽石的瑞士錶，通常以其中所使用寶石的數目決定其價值。今日雖然不再以此做爲評價，但寶石較多者仍然具有高級手錶的印象。

日本理光就是利這個盲點，製造了寶石數較多而廉價的手錶。手錶上使用的寶石用人造石即可魚目混珠，在成本上使用再多的人造寶石也不昂貴。

⑤的解答↓秘密乃在於糖果表面所烙印的許多條紋。砂糖的成本提高時，即加深這些條紋以減少該部份所使用的砂糖量。雖然爲數甚少，但數量一多即可因改變條紋的大小而調整成本。

M 大衆對於「大謊言」信守不移 W

▼謊言是眞實的開始？

人碰到用「大謊言」的暗示時，不論再大的困難都有勇氣給予達成。但是，這個謊言若

是稀鬆平常不足爲道者，則令人難以信服。而大衆往往對於小謊言特別敏感、容易起疑。

納粹德國的希特勒向大衆散佈「大謊言」時總是挑選夜晚的時刻，因爲，夜晚會使人失去理性判斷，它是使大謊言產生極大效果的最佳條件。夜晚確實是說大謊言的絕好機會。

當大謊言一再地反覆宣傳之後，一般人在耳濡目染下會慢慢的完全接受。戰爭中的各種標語，或舊蘇聯共產黨的號幟就是其典型。甚至連電視或收音機上的商業廣告，也多半是利用反覆宣傳散播大謊言。

「只要一星期即讓妳美若天仙的○○乳液」「增強體力、回復年輕的××維他命」

如果一個禮拜後眞的脫胎換骨美若天仙

，世間任何女子必趨之若鶩，但一星期後醜女果眞能變成美人嗎？仔細思考即可發現其中的謊言。服用××維他命的老人眞能回復年輕嗎？這又不是彭祖故事的翻版，返老返童豈是這麼簡單的一回事。

但是，女性每天聽著這些廣告詞，會受到○○乳液眞能使人擁有美貌的暗示，而有人也會錯覺地以爲服用××維他命即可年輕十來歲，精力增強百倍。於是○○乳液大銷利市，××維他命成爲搶購的商品。

而培育運動選手最具效果且常運用的也是這個「大謊言」。

日本排球隊曾參加奧林匹克獲得優勝，該球隊的教練大松先生也採取「大謊言」的訓練法。他剛開始告訴選手，這次比賽的目標是「在世界選手權上獲勝」。目標越大即使是難以實現的謊言，卻能給每個選手產生對排球的熱情與勇氣。

大松訓練法和美國足球教練M・烏瓦姆斯的方法類似。他也是在訓練選手中設定取得世界選手權的目標。

他回顧說：「每一次的比賽都是我們爲了取得全美選手權的踏板。雖然有時拐彎抹角繞了幾圈，但我們卻可以完全朝本來的目的、世界選手權的比賽積極努力地邁進。」這句話應該也是日本排球教練大松先生的心聲吧。

一九六一年美國職棒選手羅傑・瑪利斯希望能打破貝布・路斯的全壘打記錄。結果以五十九支全壘打，僅差一支的成績無法打破貝布・路斯的記錄。

但是，他的人緣卻不比貝布・路斯差。由此可見，目標越大即使是「大謊言」也具有極大的效果。

這個效果不僅對球隊團體，就連職棒選手羅傑・瑪利斯本身，只要是爲了朝大目標邁進的大謊言，都成爲獲致成功的暗示。

除了國家利益或運動競技之外，疾病上也經常利用這類大謊言。

所謂「病由氣生」，其實這也是個大謊言。醫師或家屬雖然已知病人染患了不可回復的疾病，明知可能回天乏術，但醫師仍然向病人說謊並激勵他：「不久就會痊癒喔！提起精神吧，一定會回復健康。」

這是在我們周遭經常使用的大謊言。但事實上有不少病人，卻因爲這些謊言和疾病戰鬥終於回復健康。

▼拯救少女的感動的謊言

美國小說家歐・亨利的短篇小說『最後的一葉』也是以謊言救人的例子。一名染患肺炎顯得精神萎靡的少女，每天從窗口眺望對面一戶人家牆壁上漸漸枯萎即將凋零的葉子，並向友人說自己的生命將隨著那片葉子的凋零而消失。那位朋友告訴她：「那片葉子絕對不會凋零。」一再地鼓勵她提起對生命的勇氣。

但是，這些激勵只不過是爲了使少女產生生命意慾的大謊言，在朋友的內心無時不刻地擔憂那片葉子是否就要凋落，或今晚即枯萎落地？聽到這番話的同棟公寓的老畫家，花費一個晚上的時間，在那牆壁上描繪了和那藤蔓葉子一模一樣的葉子。

隔天早上睡醒的少女，從窗口看見藤蔓上經過昨晚一夜的風雨，仍然堅強地活存的葉子後，精神爲之振奮，不久即戰勝病魔回復健康。但是，那位老畫家因一個晚上在雨中賣力地作畫，終於染上肺炎而離開人間。

這是在文學作品中利用大謊言爲素材，而令讀者感動萬分的內容。利用「大謊言」並祈求實現該謊言時，一般人爲達目標會努力不懈，結果從中獲得成功與喜悅。有時「大謊言」不再是謊言。因爲，它可以使人產生信賴、湧現希望與激勵的手段。

令人瞠目乍舌的自我推銷戰

▼大人物的自我推銷術

「不論用大理石、青銅或石膏，我將爲您雕塑偶像。在繪畫方面我的作品不輸給其他任何人。我也可以造橋，甚至也能防禦敵人破壞橋樑……。」

如此賣命地自我推銷的是距今約三百年之前，年輕的雷歐納爾特・達芬奇。

像達芬奇如此才華出衆的人，剛開始爲了讓他人瞭解自己的才華也必須努力地自我吹捧。更何況在今日社會結構發展途中，才華平庸的人必須極力地推銷自己，才能讓他人瞭解所擁有的能力。

即使擁有卓越的才華，堪稱百萬人中之一傑，但若不努力讓更多的人認識自己，終究是暴殄天物。

最瞭解自己能力的是自己，而必須努力讓他人更瞭解自己的也是自己。目前的社會已不可能突然出現陌生人主動爲自己推銷了。

就連電視明星或歌手，在他們功成名就之前也必須絞盡腦汁做自我推銷。

但是，大部份的人都懂得推銷自己的必要性，卻不知該如何推銷自己或是否具備足以推銷的才能。

平庸的自己到底能做什麼？中學、高中的在校成績平平的自己，那有足以向他人吹捧的才華……。

▼雀屏中選的心理學

目前，換工作似乎已成爲一種流行。有許多上班族碰到薪水較好、條件較佳的公司即渴望能毛遂自薦更上一層樓。雖然目前是人才荒的時代，但追求好公司、好工作的人數仍然比比皆是，若要脫穎而出必須有極大的競爭。

如果對方是大企業或財政界的大人物，光是謀得一面已非易事。一躍成名的多數人通常都是懂得自我推銷的人。

著名人士或公司的經營者不會輕易與他人會晤。用電話聯絡通常在秘書這一關即被打了回票，若是以書信推銷，在每日數以百計的信函中少有機會獲得青睞。該如何是好？先別灰心！

距今十年多前，某青年渴望到美國的報社任職，他反覆思考如何讓自己的信函獲得對方注意之後，終於在信封上用紅筆寫著「危險！」火辣辣的兩個字，結果獲得面談的機會。

筆者認識的某推銷員，曾經連續三個月寄一百二十封同樣內容的信函，才獲得與大人物面談的許可。

而筆者個人出版『手相術』的當時，連日來也接獲約一百封的書信。每天工作繁多，並無法一一細讀全部的書信。我發覺在接獲如此多的信函中，會有一些自己感興趣閱讀的書信，及快速過目後並沒有留下深刻印象的內容。相信不僅是我，只要是工作忙碌的人，在接獲衆多信函時都會有同樣的心理。

以下列舉閱信的重點。

①「限時信」或「掛號信」必過目。
②住址、姓名書寫工整的書信必使人產生興趣。
③用鉛筆書寫住址、姓名的信函使人失去閱信的興趣。
④收信地址姓名錯誤的信函，百分之八十以上其內容也不明確。
⑤使用美麗紀念郵票或精美信箋的人多半會坦誠提出問題。

操縱大人物的說話術

美國百科事典的推銷員中，有許多擅長製造拜訪契機的人。他們通常會事先打電話詢問對方的方便，而談話的內容常令對方興緻盎然，渴望會晤詳談。

他們所共通之處是絕對不說「推銷」二字。一般談話的方式都是以「不是要您購買書籍」爲前提。舉例而言，如果對象是中小企業的董事長，會以下面的方式打電話。

「我叫×××。美國百科事典的……的紐約總公司，特別交待務必與董事長您會面，我想請教董事長您方便的時間。」

如果是一般的推銷員，可能會直接到該董事長住宅拜訪，並自我介紹是：「○○○百科事典的推銷員。」熱心地推銷所要銷售的書籍。

六○%以上的人接獲上述簡短的電話問候，即渴望與對方會晤。以心理學的觀點而言，電話中簡短的幾句話具有以下的效果。

①從這段話中不會留下×××這個人是推銷員的印象。甚至給人以為是美國特別派遣而來的重要人物。

②反覆兩次「董事長」這個語詞，這可激起對方的菁英意識。

③「從紐約總公司」「特別給董事長您」之類的表現，會使該中小企業的董事長產生是否對公司營運上造成利益的關心。

如果對方是大人物或難以輕易會晤的人，必須注意以下各點。

①對該人物詳細地調查。

②給對方獲利的印象，而非為自己工作上的利益。

③留下與自己會晤會提高其社會信用的印象。

④給人「不同凡響」的印象。但卻不失「具有誠意」的印象。

M自己可以製造機會！W

▼令人心動的熱忱與演出的技巧

與他人即使交談融洽，但會話所留的印象非常薄弱。經過二、三天後對方已忘的一乾二淨。

渴望提供自己的意見或構想以說服對方時，光憑面談尚不足以使對方留下深刻印象。不論是何種形式都應將自己的意見或構想做成文書來表現。

前述的市村清先生在從事推銷員的時代，一旦找到目標中的客戶，即使屢遭拒絕也鍥而不捨地前往拜訪。被拒絕後也不放棄乃是市村清先生偉大的地方。當被客戶拒絕而返回的時候，他會將當天自己的來意寫成信函送給對方。這位一再表示拒絕訪問的客戶因市村先生的熱忱，及接獲數次詳細的說明信函後終於答應市村先生的要求。

把自己的想法寫成信函寄給對方具有非常大的效果。這個方法也可以應用在就職的面試上，但鮮少有人利用。我所認識的某廣告撰稿人，在應徵某廣告公司接受面試時，攜帶過去三年來所撰稿的一百張左右的作品到考場給主考官鑑賞。雖然對方並沒有這項要求。

「我只能做與這些圖畫類似的工作，更大的要求我辦不來。」語畢即打道回府。

但是，兩天後他獲得「錄用通知」。ＰＲ的工作當然需要具有像他這種構想的人物。而這樣的推銷方式並不見得適用任何工作。根據工作的性質及公司的特色，推銷方式也有不同。

瓊斯是美國某食品公司的副董事長，這位青年幹才在進公司之前，自己花了三個月左右的時間，從各個角度調查這家公司今後所必要的事情及其將來性，做成高達三百頁的一份書類報告。在面談時，他除了拿出這份厚重的書類外並提出自己過去的經歷記錄。換言之，他以文書向董事長提示這家公司如何需要像他這樣的人才，以及雇用像他這樣的人對公司會帶來多大的利益。

結果，他進公司兩年後即榮登目前副董事長的寶座。這類例子在現今的美國不勝枚舉。

▼勝負在於被拒絕之後！成功者的反敗爲勝

參加公司錄用考試或從事推銷時，如果情勢已去，不可能獲得錄用或顧客毫無購買意願時，多數人會抱以消極的觀念，自認已無希望而打退堂鼓。

但不論是推銷或公司錄用考試，被拒絕之後才是自我推銷的開始。尤其是公司的錄用考試，有些人被拒絕之後反而反敗爲勝，順利進入公司。

一名青年在校成績不佳而面試時給主考官的印象也不太好。因此，當場即被告知不予錄用。

但這位青年並不感到失望。他花了約三個鐘頭在應徵的百貨公司內四處閒逛。隨後他立即打電話給主事的高級主管。

「我非常渴望在貴百貨公司工作。應徵完畢後距今約三個鐘頭，我幾乎走遍百貨公司各個角落。我試圖尋找在百貨公司裡我能從事的工作。我覺得在貴百貨公司裡，有十個崗位是我能勝任的工作。希望能讓我從事其中一項工作。實習也沒關係。」

因爲這番話再次接受面試，結果終於得償在該百貨公司工作的心願。

洞察人心的心理誘導實例集

使人際關係順利發展的方法之一是，加深自己在對方心中的印象。首先我們先看以下幾個插曲，從中摸索這些構想。

▼專家與說謊者交涉的技巧

A推銷員最近的煩惱是雖然銷售成績頗佳，但每到月底收取款項時，顧客常謊稱「不在家」而吃閉門羹。

推銷員對於這些買時挑剔而買後又不付款的顧客感到氣憤，但一句「老闆不在家」也莫可奈何。甚至分明不久前才在公司，卻理直氣壯地說「不在家。」難怪A推銷員氣憤難平。

A推銷員於是想出一個妙計。他在前往常謊稱不在家的商店收款之前，先準備一張信封上書寫著：「現金在內　親展」的信封，信封裡放入一張千元鈔票。

當他前往的商店又故技重施謊稱不在家，被迫又吃閉門羹時，A推銷員立即掏出準備好的信封說：

「您老闆回家時請將這個交給他。」然後離開那家商店。

但經過二、三分鐘後，立即又返回該店。

「剛才的信封弄錯了。那是要交給其他商店的，請還給我。」

如果信已被開封，即表示對方的老闆在家。如此對方則無法再使用不在家的手段。

這個妙計的確出其不意，屢試不爽。

雖然對方想說：「老闆不在家」但因爲所接獲的信封上寫著「親展」二字，於是交給老闆，而主人也因信封上有「現金在內」的備註，在貪慾下拆了信封。結果自己的行爲無形中暴露了自己分明在家的僞裝。

想說謊的心理通常會有不自然的行爲洩露想說的謊言。

爲了自己利益而說謊，卻又因金錢的貪念一時疏忽打開「現金在內」的信封，而讓對方逮住事實的眞相。

有些謊稱「老闆不在家」的人事實上本身就是老闆，這些人膽敢堂而皇之地說「老闆現在不在家」。

據說有不少稅務稽徵員到商店進行調查時，詢問眼前正是老闆的人說：「老闆在家嗎？

」而被對方輕易地以一句話「老闆現在不在家」逐出門外。

但資深的稅務員一開始絕不莽撞地問：「您的老闆在家嗎？」只要看見彷彿是老闆的人通常會立即詢問：「您是老闆吧？」一般人聽見他人詢問：「您的老闆在家嗎？」即使自己是老闆也可以佯裝他人而立即回答：「不在家。」但被詢問：「您是老闆吧？」一般鮮少有人斷然地表示否定。資深稅務員也是懂得觸及人間心理盲點的專家。

刑警在偵訊嫌犯時也有類似的狀況。譬如，本名叫「陳大川」的嫌犯僞稱自己叫「王山田」而刑警知其本名卻佯裝不知。剛開始也直叫其「王山田」但當嫌犯冥頑不靈地一直拒吐實情時，則突然怒吼其姓名「陳大川」。這時被直呼姓名的嫌犯因謊言突然被識穿而整個陷入頹喪，結果一五一十地吐露實情。

▼福澤諭吉的謊言與氣度

向朋友或前輩伸手告貸，需要有相當的勇氣。一般人無法立即表明來意。在現今世態炎涼的社會，幾乎没有人會立即應允他人突然開口要求：「請借我五萬元」。自古以來，在商場界即默認能自由籌措借款的人已是可獨當一面者。

日本慶應義塾的創始人福澤諭吉，在年輕時代也有一段窮苦潦倒的日子。當時他也曾爲了金錢的籌措，使出各種苦肉計。

當時人心所嚮往之處是江戶（今東京）。於是他也決定走一趟江戶。踏上旅途後，他想到身上所剩金兩無幾，甚至無法在途中支付住宿費，於是他突然憶起有一位誠懇善心的商人叫鐵屋物兵衛，這個人四處旅遊，聽說到處有其熟識的船家。於是他僞造鐵屋物兵衛的名號，寫了介紹函給行程上經過的船家主人，介紹函上寫著：「這位人士家住中津，是中村先生的少主，本人經常出入該宅府，擔保是位篤實可信的人品，特此重託請禮遇待之。」結果他不但借到住宿費，還獲得特別優厚的照顧。

慶應先覺的福澤諭吉不愧是氣量宏大的人。

▼馬克吐溫的借金術？

用書信借款的許多故事中也有令人爲之莞爾一笑者。

『湯姆歷險記』的作者馬克吐溫年輕時代也是窮苦潦倒，爲了籌措金錢，他寫給當時的大富豪安德魯・卡內基一封有趣的信。

他詳知卡內基不僅是位大實業家，也是非常虔誠的宗教家，因而在書信上寫著：

「前略

耳聞您是位大富豪且是相當虔誠的宗教家。我對宗教也極爲關心，一直渴望擁有一本讚美歌輯。當然，目前的我並沒有錢購買價值一塊半美元、如此昂貴的讚美歌輯。因

此，我衷心地渴望您是否能寄贈我一本讚美歌輯。藉此如果您能永得天神垂愛，乃是我終生的榮幸。

—附記—

與其送我讚美歌輯，毋寧匯來一塊半美金更爲實惠。

讀完這封信的卡內基不僅匯給馬克吐溫一塊半美金，還一併附送一本讚美歌輯。

▼掌握人心的贈禮

有許多人逢年過節不知如何送禮而苦惱。任何人都曾經爲送什麼禮物給上司才能獲得信賴，或送何禮物才能令對方滿意而大傷腦筋。的確，贈禮有時會招惹對方的嫌棄或因而失去信用。譬如，給A威士忌公司的高級主管贈送B公司生產的威士忌，情況會如何？

當然，禮物在促進人際關係圓滑的第一階段，的確具有相當的效果。贈禮的巧妙足以表現自己。如果因爲贈禮而帶來幸運的機會更是一舉兩得。但是，昂貴的禮物並不見得會給他人帶來好印象。

我所認識的某女性，接獲未婚夫所贈送的一份特殊的聖誕節禮物。那是日本著名的漫畫集「Sazae 小姐」總共十册。而在書上放著一封信。信上寫著：「我希望能建立像 Sazae 小姐那麼愉快的家庭。」因爲這份禮物使得她對未婚夫更有好感。

英國小說家歐・亨利的小說『賢者的贈禮』中，所描述的那對患難見眞情的夫婦的禮物也令人感動。妻子在二人的結婚紀念日，將自己平日引以爲豪的長髮剪掉，換得金錢購買丈夫一直想要擁有的錶鍊。而丈夫則賣掉已沒有錶鍊的手錶，爲妻子購買了一把梳子。雖然二人的禮物都已失去效用，但彼此的體貼卻是最昂貴而無與倫比的贈禮。美國有一名女性熟知自己的丈夫「語詞笨拙」，因爲缺乏在公衆之前談話的自信而無法在公司出人頭地，於是她利用聖誕節禮物，想出一個慰藉其丈夫的方法。這個方法不同凡響。

聖誕節的早上，她的丈夫打開信箱一看發現一封由D・卡內基寫來的信函。卡內基是頂頂大名的話術指導者。

卡內基親筆簽名的信件上如此寫著：

「期待一月十日與您見面。」

原來這位妻子替丈夫申請加入卡內基的話術補習班，想令丈夫大吃一驚。這雖然不是商品，卻十足地傳達體恤丈夫的妻子的美意，可稱得上是一份心靈禮物。

又，美國某青年寫給以飯店爲家的友人一封信做爲聖誕禮物。

「我親愛的朋友！目前我沒有太多錢。我能給你的禮物是讓你有一天的時間在我家好好地解放。請隨興使用。冰箱裡的東西也隨意使用。不過，您所期待的食品目前正保存在超級市場內。另外，可住宿朋友三人。

聖誕快樂。」

▼矮人變高的待人術

俄亥俄州立大學的R・史塔吉爾認爲，身爲經營者掌握領導權的條件之一是具有高大的身材。在日本一流企業的面試上甚至也將身高、體態做爲考選條件之一。人際關係中，多數人會憑對方的外表判斷其人品，因而身高的確是給人印象良否的重要條件。

就連女性也傾向於追求身材高大的男性，而明星或歌手也少見身材矮小者。

但是，天生身高比一般人矮小的人該如何才能吸引對方呢？

日本某大臣K先生也因身材矮小而煩惱。在大臣認證式後拍照時，通常站在比一般大臣較高的位置。也許出於偶然，但K先生身邊的競敵通常都是身材高大的人。

不過，K先生倒也想到一個掩飾自己身材矮小的特殊方法。譬如，站著說話時——尤其在議論的情況——爲了避免在氣勢上矮人一截，若對方站著則刻意坐著與之應對。這的確可以消除對身高的自卑感。坐在電車上也許你會發現身材再怎麼高大的人和矮小者的坐高相差無幾。尤其是中年人，身材矮小者甚至還有人的坐高比一般人來得高。所以，對身高缺乏自信者應刻意坐在椅上談話。

而坐在椅上採深坐、穩坐的方式更具效果。我所認識的一名朋友Y先生大學畢業不到一年，在公司裡卻盛傳他比前輩更有氣派。他也是身材不高、略微肥胖的體格，但坐姿卻堂而皇之。每次他總是穩穩地坐在椅上而雙腳略微開向兩側，這個姿勢不自覺地散發出一股高級主管的氣派。

此外，以下的構想也可以讓身材矮小的人顯得高大。

〈西服〉

穿著上、下同色系的西服。對可增加時髦感的背心或毛衣儘量割愛。如果必要穿著毛衣時也盡量選擇同一色系的基礎顏色。

〈鞋子〉

戴帽子、穿同色系的鞋子。

〈談話時〉

談話時凝視對方的眼睛。在發表自己的意見之前，凝視對方的眼睛二、三秒再開始陳述，可令對方產生信賴感，也能消除對自己身高的自卑感。

〈其他〉

使用雪茄或煙斗。日本前首相吉田茂以叼雪茄而聞名，渴望讓自己有如偉大人物或顯示男性的剛陽氣時，常用雪茄也能達到效果。如果從前英國首相邱吉爾口邊拿掉雪茄，霎那間他顯得矮小而没有偉大人物的氣慨，這也是雪茄效應的影響。

對於身材矮小而渴望讓自己產生威嚴的人，雪茄的確具有相當的效果。

▼利用鏡子控制自己的心理

我的工作是與人談話，即使夫婦爭吵而感到情緒浮躁時，也必須與人會晤。情緒浮躁而必須心機一轉，展露開朗笑顏應對顧客實非易事。如果帶著一張撲克臉面對心存煩惱前來拜訪的人，只會使對方更感到不安而加深其煩惱。

碰到這樣的情況，我在與他人會晤之前必先面向鏡子。看著鏡中的自己喃喃地說：「快，變得快活吧！」收起下顎凝視著鏡中自己的臉孔。

同時，挺起胸膛小聲地自言自語說：「快，變快活吧！」通常在這番自我調整之後心情會變得舒暢。爾後碰到夫妻爭吵，即使明知是「妻子不對」也坦然地向對方表示抱歉。最近，內人似乎心領我的技巧，夫妻有所爭執之後也能主動地表示抱歉。

心情的轉換的確重要。在鏡前看自己的臉孔，不論當時的情緒如何都能褪下陰霾，以開朗的心境與形形色色的人面對，效果非常大。

有許多推銷員常在被上司怒喝之後必須與自己的顧客應對，這在心理上會造成即大的負面影響。

即使強顏歡笑，但當時不愉快的心情會自然地傳染給對方。

這一點往往造成令對方誤解的原因。

▼促進交涉順利的鬆弛法

我所認識的某貿易公司的推銷員，每逢與國外採購者商談時，當天絕不搭電車上班。而這位推銷員在公司是深受上司信賴，擅長談判技巧、業績斐然的人。他在談生意的當天早上必搭計程車上班，這當然不是爲了在外商採購員面前招搖，也不是炫耀錢多。

他的住家在郊外，搭計程車到東京的車費約一萬日幣。加上最近交通混亂，所花費的時間比電車更長。但有趣的是每逢與國外採購者商談的當天，他反而比平常提早三十分鐘左右

出門。

這位青年推銷員何以會有這樣的舉動？

對於這個問題他的回答是：「即使只是二十分或三十分，在計程車內最適宜思考商談的對策。」與洋人採購者互較腦力的商場競爭的重要關頭，如果搭乘擁擠的電車搖搖晃晃到公司，絕對無法獲得對方的好感，交涉也難以順利進行。即使已充分睡眠且在清醒的腦力下思考出絕妙的構想，可能在擁擠的電車內被踐踏的零零碎碎。因而改搭計程車，多花一點錢反而能達到商談的目的。

從郊外搭計程車緩慢地行駛在擁擠的公路直到東京，而藉機研擬商場戰術，乃是這位青年推銷員自創的方法。

此外，有些人面臨重要工作的當天會花二十分鐘左右徒步上班。這位是服務於某宣傳廣告業的F公司。搭乘中央線到達四谷車站，從車站走約三十分鐘到公司。途中在九段的靖國神社、皇居的護城外圍信步而行。在散步的過程中，運用腦力研擬各種的計策。

一般的上班族，若要想出異於常人的構想或交涉方法，應積極地改變單調的日常生活。根據美國某心理學家的報告，據說多數在人際關係失敗的人並非是實力不夠，而是不致力於改變日常步調，因循老套的緣故。一般人只活用百分之十的能力。若要百分之百的發揮能力，應盡可能預防日常生活陷入單調。

這並非個人的本性或信念的問題，像前述推銷員或廣告公司職員，只要動點巧思即辦得到。稍微變更陷入單調的日常生活、引以為常的習慣即可充分地達到目的。

▼請求奏效的時機

某名作家到某出版社推銷自己的小說，卻被當場以內容乏善可陳而拒絕。

兩年後他把同一本小說用郵寄的方式寄給同一家出版社。不久該出版社回報以OK的消息。當小說出版之後，他把這件事告訴出版社的董事長，據說那位董事長苦笑地說：「當時因胃腸不好，成天到醫院看病。」

像這位董事長一樣，拒絕他人的理由中有不少根本不通情理，簡直胡扯。夫婦吵架或與人爭執之後，鮮少有人會以善意的態度面對他人。

美國某推銷員顧慮到這一點，據說每遇到要向他人說明自己的構想或有所請求時，總是一大早到對方的家裡拜訪。因為，多數人早晨的心情都不錯，不僅最適合傾聽他人的意見且能制敵機先，避免被他人搶先一步發表類似的構想。因為，迅速與目標者面談的時機最為重要。

據說曾任「光文社」董事長的神吉晴夫先生，考慮出版在文藝界上尚默默無名的松本清張先生的『點與線』時，立即驅車趕往松本先生的住宅。當時他唯恐被其他出版社捷足先登。

以松本先生的立場而言，對於第一個主動要求出版的公司自然感動肺腑，據說他告訴神吉先生說：「眞謝謝您！我也想出人頭地。所以，不需要版稅。」

他們二人的合作造就了松本清張的風潮，使光文社坐收巨利。這個例子充分地顯示了時機對於工作有何重要。

若要確實地掌握時機，請求者必須熟知當時的各種狀況。他必須事先收集對方具有何種慾望？處於何種生活狀態等情報。神吉先生在這一方面的確是相當優秀的出版家。

▼反常理操作也是成功的捷徑

一般人在對他人有事相求時，通常會先探聽其嗜好，而事先贈送符合其嗜好的禮品再做訪問。但這個通俗而常被利用的方法並沒有太大的效果。相反地，卻有許多利用背道而馳的方法達到拜訪的目的。某實業家爲了資金的籌措，曾經拜訪在財政界舉足輕重的D先生。

D先生非常討厭高爾夫，甚至提倡高爾夫無用論。他的興趣是愛吃糕點，各地的朋友常送名產做爲贈禮。原本這位實業家也想贈送自己家鄉的糕點給這位名人，但後來他放棄此念頭，而贈送一打高爾夫球。高爾夫是D先生最討厭的玩意兒，有事相求的實業家必遭閉門羹吧？事實卻不然。結果他獲得D先生的信賴，並經由他的介紹獲得融資。

一般人送禮會選擇對方所喜愛的物品，因而接獲贈禮者所獲得的禮物大同小異。但是，當所接獲的禮物竟然是自己最討厭的高爾夫球時，內心會對這位標新立異的贈禮者產生興趣而渴望獲知其名。因此，這位實業家在拜訪之時，對方立即瞭解其乃何許人也。

「我知道您討厭高爾夫。但我對高爾夫相當感興趣，每天早上不忘練習。我渴望讓你也能瞭解這個運動的樂趣而贈送高爾夫球。往後我們是否能一起去打高爾夫呢？」

這番話打動了D先生的心。從此之後他們二人變成形影不離的高爾夫球伴，也是工作上的最佳拍檔。

任何人都會顧慮對方感興趣、喜愛的物品而迎合對方也表示同樣的興趣、愛好。但是，有時以相反的方式，反而會博得對方的信賴。

例如，渴望與職棒選手接近，而以棒球以外的話題接觸，反而能使對方產生好感。成天被棒球所束縛的人聽到棒球的話題只會感到心煩。日常感情不睦的夫婦中多半是妻子過於干涉丈夫在公司的事情，或對工作內容過度干預的結果。

成天爲公事繁忙的丈夫，因妻子反覆再三地詢問公司的事而感到厭煩不已。把話題轉移到公司以外的事情上，通常可以緩和夫婦關係瀕臨緊張的危機。

有事相求於人時，應運用與此類似的心理打動對方。

▼內行人的時間觀念

當工作忙碌時最討厭碰到不速之客。如果一臉不悅地說：「目前忙得很，下次再來吧！」又會給對方留下不良的印象。

面對自己的長上所介紹而來的人，或重要的訪客絕不能輕慢待之。筆者本身每天也有許多讀者或朋友的拜訪，但每逢雜誌稿件期限將屆，若有不速之客來訪也常感到爲難。實業家的鐵則是「不可讓他人剝奪自己的時間」。一天只有二十四小時的重要時間，如果浪費在他人身上對工作會有極大的負面影響。

那麼，如何才能在不傷害對方感情的情況下擊退不速之客呢？而來訪者如果談得起勁，久居不退時該如何使其話題中斷主動離去呢？

筆者因工作的關係，長久以來接觸過許多在財政界相當活躍的經營者，其中有許多懂得掌控時間的人。他們通常會在愉快的氣氛下，迅速地結束訪談而讓訪客立即離去。當然，這些經營者們並非刻意地使用逐客令，也許是在其漫長的經營者生涯中自然揣摩出的苦計、苦肉之策吧。

前述的市村清先生當訪談太長時，秘書會主動前來說：「×××先生正在等候會面。」

前後樂園董事長眞鍋八千代先生也有類似的情況。碰到訪客久留不退時，四十多歲的老秘書會向董事長報告：「十分鐘後×××會來拜訪。」如此一來訪客會主動告辭而回。

而藤田觀光的小川榮一先生、三密電機的森部一先生的做法則有不同。他們二人談話都有一套，往往談得起勁即忘了時間，但他們經常會突然打起電話或用內機呼叫職員前來。這乃是沉默地向對方表示：「已經沒有時間了。」

美國的董事長中也有許多擅長擊退來訪者的高手。據說玉米片製造商凱羅格公司的W・K・凱羅格先生當訪客久留不退時，會極其親膩地向對方握手並表示：「今天非常謝謝您來。」這個動作會讓對方感覺到不可再長居久留了。

又，美國某汽車公司的高級主管在接受訪談時會事先告訴對方：「二十分鐘後會有一場會議，在此之前是我的自由時間。」

這番話是讓對方覺得自已只有二十分鐘的時間，必須在二十分鐘內把事情談妥。

避免無謂閒聊的最佳方法是在談話之前設定時間。而這個時間不是一個鐘頭或兩個鐘頭，最好限制在二十分鐘或三十分鐘內。

根據筆者的經驗，時間設定在五分鐘可以使訪談更順利地進行。「五分鐘後要到車站接人」、「五分鐘後要舉行會議」。這些說詞通常會給對方覺得受訪者相當忙碌。如果不好意思直接了當地告訴對方，也可利用桌上的電話或內機。利用分機探詢：

「今天的會議準時進行吧。那麼，還有五分鐘的時間。」或「我可不可以晚一點到會議室？」

這些洽詢乃是另一種告知訪客時間不多的方法。

第④章

看穿情人的深層心理、測驗與問題

戀情持續多久？情人眼中出西施

■盲目的愛情是危險的！

原本情投意合的男女在分手時卻互相辱罵。最典型的是演藝圈人士離婚的醜聞。而最醜陋的是，在緣盡情絕時甚至出版揭露對方惡行的書籍，愛情的暴變令人畏懼。

夫妻反目成仇後會判若兩人地指責對方的缺點。而政治家與前秘書之間的唇槍舌戰也是類似的情景。站在同一個陣線上努力打拼時是彼此信賴的最佳拍檔，但因某事而成對立關係後，一般人往往忍不住數落以往絕不說出口的惡言中傷。

在電視上觀賞演藝圈的醜聞有如看馬戲般地有趣，但也有不少人目睹恩恩愛愛的夫妻反目成仇後的彼此批鬥，而對人產生不信。喜歡或信賴對方時，即使有所缺點也不引以爲意。

也許目前的時代正露骨地傳達了所謂「情人眼中出西施」的心理。喜歡對方時，其臉上的「麻點」也看似「酒窩」。但一旦厭倦對方，就連其臉上的「酒窩」也看似「麻點」。

尤其像目前繁忙的社會，男女間少有時間彼此揣摩對方的優缺點，通常是在旅遊地碰巧與異性碰面而覺得意氣相投，或認爲對方的儀表、容貌和喜愛的明星類似而影響對其所抱持的好感度。因而閃電結婚比比皆是。

下圖經常出現在心理學的測驗中，拿這張圖給人看而問：「是否看到什麼可怕的東西？」以及提醒觀看者說：「你可看見一個美人。」這幅畫給人的印象即大大地不同。

聽說會看到可怕的東西時，則會從畫中看見常出現在童話故事中的「巫婆」的臉。相反地，被暗示說會看見美人時，即會從畫中看出一個美少女的側臉。人的心理委實不可思議。自己心中的狀態會對圖畫產生投影效果。如果受到的暗示是「不好」，則會思考不好的景物，而聽到「好的」暗示則儘量在畫中尋找好的景物。

男女間的邂逅也與此類似。一旦喜歡上某人即不管旁人的意見，往往會將對方美化，對於其一顰一笑無不動心。但是，如遭對方背叛或情盡緣絕時，一個笑容也令人倒胃，甚至溫柔體貼的

言詞也聽起來毛骨悚然。戀愛糾紛中多數的原因應該是起源於「情人眼中出西施」的心理作祟。

■隱瞞愛情的男人值得信賴嗎？

男女交往之中最令人訝異的是結婚對象出人意外。

通常結婚對象並非在公司裡交情似乎不錯的人，反而是和同事的朋友在因緣巧合之下，情投意合而暗中持續交往。與某同事交情好乃是在公司裡的一種掩飾，眞心所愛的人另有其他。有些人無法直接了當地向心愛者表白己意，以迂迴繞轉的方式表現愛情。

最常見的是和身邊其他的女性表現親膩，卻在暗中悄悄地與眞正喜愛的女人交往，或有複數的女朋友，但對眞正中意的女性刻意表現冷淡的態度。

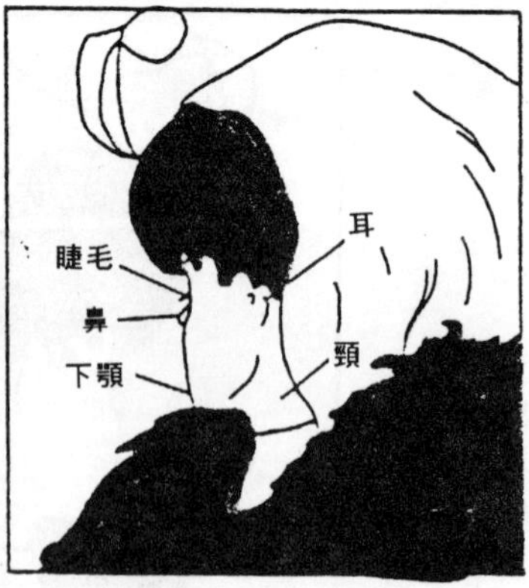

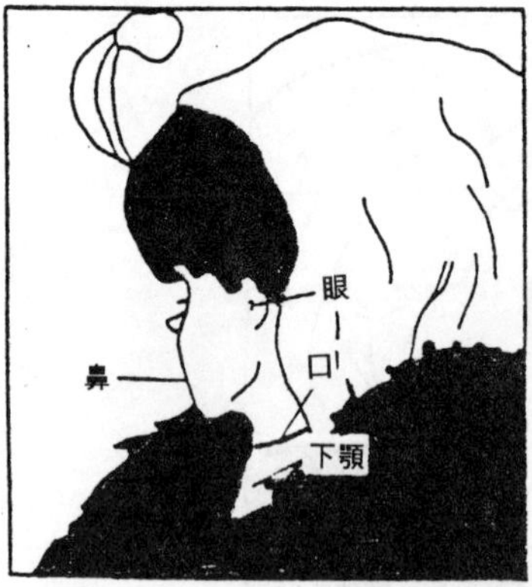

這些行爲有其理由。簡言之是一種自我防衛的心理。

因爲，即使有一位自己非常喜愛且深受吸引的女性，有些男人怕直接了當地表白愛意或懇求約會而遭受拒絕，自己的自尊心無法承受這樣的傷害。

如果對意中人以外的女人表現溫柔或刻意示愛，會引起眞心相愛者的嫉妒。

當與其他女子交往一段時間後，再向意中人表白自己的心意，對方必感動萬分。

以男性的立場而言，掩飾自己眞正中意的女性，可以避免旁人的好奇心而冷靜交往，有時也能因此產生自己在其他女性眼中也頗得人緣的自信，而讓女性們以爲是受人歡迎的人。

男女間的愛情在彼此嫉妒、不安的情緒中日益亢奮。彼此輕易墜入情網或一觸可得的戀情，反而難以從中感到刺激。越是變化多端、阻礙重重的愛情，越會使男女雙方激起熱情。

深得女人心的男性所共通之處乃是，能理解愛情心理及女性心理的人。女人一旦找到如意郎君，多半渴望更多的人能分享這個喜悅，但男人卻有暗自隱瞞的傾向。

女人對於與男性的交往成爲閒話家常的話題，會暗中感到喜悅，但男然卻渴望避人耳目，默默地對某一名女性表現深情。對於自己眞正喜愛的女性，渴望將其擺在幕後，而其掩飾的手段通常是和貌美、優秀的女性交往，雖然自己並不眞的喜歡她。

意外的愛情發展是男人們嚮往的方式，而秘密中的情人，甚至會令男人感到一種男子氣慨的驕傲。

使愛情持久的秘訣

■久別勝新婚

請看下圖。它看起來像什麼？以看書的距離仔細凝視也看不出個所以然。但是，把這本書放在一公尺以上的位置再重新看一次。原本看不清楚的圖形必現出其眞貌。

情人或夫婦的關係也是類似的情形。每天相處一起、經常碰面也許無法察覺，但分離一段時間，久別重逢後常有新鮮的感覺。

每天碰面的人，分離一星期或二個星期再重逢，有時會察覺到原本疏忽掉的優點。人際關係中最重要的也許是偶而從不同的角度、不一樣的心情去看待對方吧。

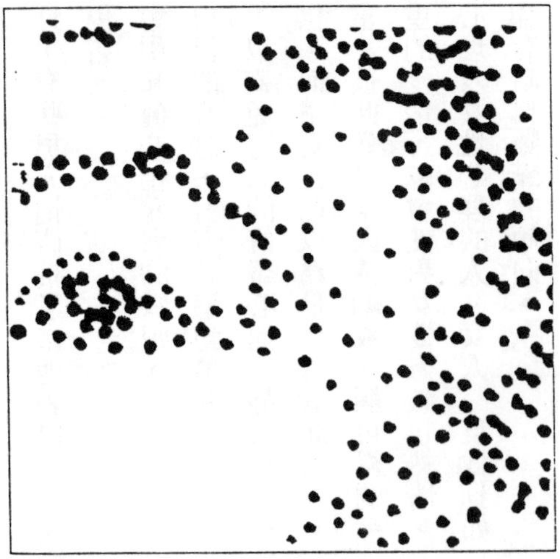

■什麼是「青蛙的習性」？

青蛙有一個非常奇妙的習性。牠可以讓自己的體溫配合周遭的水溫。當周遭水溫低時自己的身體也會降低溫度。相反地，周遭的水溫上昇時，體溫也會配合著昇高。

準備一個玻璃容器盛水再放進青蛙。從下方慢慢加熱時，青蛙也會配合著水溫昇高體溫。不久，容器的水沸騰起來。但青蛙卻毫無所覺。因爲，牠慢慢地昇高體溫以配合身邊的水溫。結果青蛙死在沸騰的水內。

接著，換另一隻青蛙做其他的實驗。當水溫就要沸騰之前敲擊青蛙的頭。青蛙會適時清醒而在沸騰之前從容器逃脫，撿回一命。

人也是一樣。習以爲常的事彷彿在沸騰的熱水內死亡的青蛙一樣。有時必須敲醒自己已然沉寂的頭腦。

■倦怠期的突圍法

人必須懂得突破窠臼、靈機一轉。男女的交往或婚姻生活，有些人在第三個月或第三年會碰到難以突破的死胡同。換言之，這是彼此習慣之後出現危機的前兆。轉變構想乃是重新發現對方優點的關鍵，也能浮現超越陷入低迷狀態的構想。

改變男女間彼此觀感的最簡單方法之一是，刻意地分離而冷靜地觀察對方。試著獨自旅行或長期不碰面以反省對彼此的印象。到國外旅行或單身到遠方任職也是方法之一。

或者，一起到未曾去過的地方約會或參與彼此未曾經驗過的業餘活動、講習會等也有助於改善彼此的關係。

喜歡與討厭的大逆轉

■喜歡變成討厭

人是奇妙的動物，有時面對自己暗自傾慕的人卻出言中傷或說出刺激對方的話來。對方甚至會以爲自己是否惹人厭。

「喜歡」卻表現「討厭」的舉止。莫名地想要刺激對方而從中作樂的心理也是戀愛的心態之一。事實上對於不置可否的人，一般人根本提不起興趣、不把對方放在心上。「喜歡」或「討厭」的感覺乃是意識到對方存在才有的情緒。同時，無時不刻注意對方，也渴望對方能留意自己。「喜歡」「討厭」的感覺乃是「感興趣」的徵兆。對意中人挖苦或故意說出令其討厭的事情，事實上乃是向對方表示「好感」的反作用。

嫉妒或挖苦的心理乃是渴望對方注意自己，或吸引對方的潛在意識的表現。事實上強烈地期待著能和對方一體化。分明喜歡卻表現「討厭」「憎惡」的情緒乃是藉此可以錯覺地以為和對方一體化。

眞心相愛的兩人對彼此有極大的同情心與好感，但一旦彼此感到厭倦，雙方的厭惡感更無以復加。「愛與恨乃一紙之隔」正是這個緣故。大談戀愛的二人分手時，毫無掩飾地表現對彼此雙方的憎惡，令旁人大吃一驚也是理所當然。

這種情形也印證在工作的伙伴上。原本具有好感的人如果沒有預期的反應會使人由愛生恨。「因為信賴他才委於重任，結果卻失敗。」「相信他的人品而共事，卻被剝奪了工作。」這類情況更是如此。

■安東尼．豬木先生的誤算

前摔角選手安東尼．豬木先生在運動平和黨獲得一百萬人以上的支持而踏進政壇，但事後卻被秘書告發，從前同甘共苦的戰友也反目成仇。這件事情的緣由，事實上也和前述的心理雷同。

世界上沒有百分之百完美的人，任何人都有其盲點。

而缺點也多。但人的行爲常受感情左右。對某人好感時從不顧慮其缺點。所看到的全是優點。信賴感越高、熱情度越強，越只注意對方好的一面。

反之，一旦對其感到厭倦、失望時，則所有的注意力全集中在其缺點上。

這種現象也許是人天生具有的心理弱點吧。

似懂非懂的戀愛心理

■從無意識審視「愛苗」

有人說：「戀愛使人成長。」人可藉由談戀愛體驗以前未曾有過的經驗。原本乖巧文靜的人，可能因談戀愛而判若兩人地變得活潑；舉止行動不讓鬚眉的女孩，碰到如意郎君之後突然地顯見嬌羞的女人味。而古人則把談戀愛時的心境以生病、受打擊等癡狂的心態來表現。

法國著名的小說家史達塔爾認爲，人因爲談戀愛可以製造戀愛中兩人最大的喜悅。

男女邂逅時的感動使雙方都渴望爲對方奉獻所有，彼此肯定對方的優點、長處。甚至旁人眼中不足爲奇的事情，在他們看來顯得特別美好、奇妙。戀愛中的兩人在彼此對各自的欣賞、認同下而建立夢想中的世界。

心理學是分析人心的問題，而最令人捉摸不定的是戀愛心理。曾有多數的學者針對戀愛心理進行各種的分析研究，卻永遠無法參透其一切。

●烙印（Imprinting）

認識優秀的異性時，雙方會有似曾相似的感覺，有時直覺地認爲，彼此是宿命的結合而有神秘般的經驗。

以醫學的觀點，研究人戀愛心理的美國心理學家約翰馬尼，將這種現象稱爲「本能學習」。彼此的心理認爲二人原本一體或有共通的生長環境。因而漸漸成長的過程中，對於最先對自己表現溫柔、擁抱、疼愛的人，在心中會將其當做「愛」的理想。

小鳥或小雞也有類似的情況。小鳥如果從小和玩具鳥一起生活，長大之後據說對玩具鳥的感

情遠比眞正的母鳥更爲深厚。諸如這般，最初影響到心理的就是所謂的「本能學習」。而愛情的型態也受這種心理的影響。尤其是一見鍾情帶有匪夷所思的特徵。

●一見鍾情

據說男女一見鍾情常受各種心理因素的影響。對自己本身引以爲豪的性格或特徵，若在對方身上也重複印證時通常會產生一見鍾情。

譬如，個性開朗的人自認這是其性格上的優點時，往往受性格也是開朗的異性所吸引。而幼小時覺得父親是最了不起的人，或對父親的行止佩服的人，也容易對與父親性格類似的人一見鍾情。

換言之，戀愛的心理不可一概而論。完全是由戀愛中人在無意識中塑造自己的理想對象。

例如，對A而言是絕頂優秀的男人，在B眼中可能不屑一顧。意中人在自己眼中簡直是完美的典型，再小的眼睛看起來也顯得可愛，但在毫無感情的人眼中，可能顯得冷淡無情。

古人對於戀愛中人的感受形容是「情人眼中出西施」。一般而言，臉上的麻點會使人看起來醜陋，但在情人眼中這些麻點卻像「酒窩」般的可愛，戀愛的心理委實難以捉摸。

●髮型

髮型最容易暴露愛情的變化。不論男女都注重頭髮的護理。因爲，在鏡前觀看自己的容貌時，頭髮是最令人在意的部份。

如果渴望在意中人眼中表現最美好的面貌，通常會注意自己的穿著打扮。其中尤以髮型最費心神。在鏡前整裝梳頭的時間也會拉長。

法國有句古諺說：「女人改變髮型時，是嚮往愛情的時候。」

頭髮是最直接地表現男女差別的部份。一般人渴望讓自己煥然一新時，通常會變更髮型。男性會塗抹未曾使用的髮油、噴霧式定髮劑，爲的是在自己喜歡的女孩面前表現更美好的一面，而女性也是利用髮型的改變祈求男人的注目。

●裝模作樣

不論男女，當身邊有喜歡的異性時，舉止動作會有許多刻意的表現。當一群女孩聚集著談話或共餐時，如果有一名男子介入，不妨注意周遭的景況，對該男子有好感的女孩必會急速地改變談吐方式。

而用餐的速度也有不同。任何人都渴望在心存好感者的面前表現最好的模樣。在不感興趣者的面前可以泰然地表現平常的作爲，但在心存好感者的面前無形中會裝模作樣。如果你覺得某人突然顯得坐立不安或矯柔做作時，身邊一定有其牽掛的異性。因爲，人在無意識中會渴望呈現自己最好的一面在意中人面前。

●凝視

所謂「眼睛是心靈之窗」，人的眼睛無法做假。心理學家賀斯認爲，人在注視喜歡者與討厭者時，眼神的光采有極大的不同。

瞳孔的張合度似乎會因所凝視的對象而不一樣。如果瞳孔睜大而奕奕有神時，眼前一定有意中人或帶有好感的人。而不論男女，當心生感動時眼睛通常會顯得濕潤。

「凝視」是帶有好感的徵兆。如果約會中東張西望或視線投注在其他對象上時，乃是對對方不太有好感的徵兆。「一直凝視著對方的眼睛」也是一種愛情的表現。

據說從視線可以瞭解男女戀情的未來走向。觀看對方時，如果視線朝下而凝視對方頸項附近時，通常是喜歡對方卻覺得害羞，而注視其口部，一般而言是帶有普通的關心，如果一直凝視著對方的眼睛，則是具有極大的好感。

●改變、迎合話題

一般人在無意識中會儘量配合心存好感者的步調。尤其是一群人聚集談話時，如果心愛者的主張遭受旁人的反對，很明顯地會站在他那一邊而據理力爭。

甚至基於迎合他（她）的關心而對原本不感興趣的事物產生興趣，或儘量說些與對方興趣吻合的話題。

戀愛中人多麼企盼與喜愛的人在各個方面有共通之處或同樣的經驗。無法忍受對方知曉而自己毫不清楚的事情，陷入熱戀是因爲二人有共通的經驗。

覺得某人的興趣和自己相同，對同樣的事物產生感動時才能產生自我滿足。

■女人的嫉妒是因自卑感

女人故意惡作劇或產生嫉妒的原因通常是起源於自卑感。一般的女性對與男人打情罵俏的美人總會心存反感，認爲：「長得漂亮又有什麼了不起！」

尤其是對自己的容貌、身材缺乏自信的女性，潛在性地對美女帶有自卑感。在不服輸的心態下而變得奮發圖強或渴望改造自己。

但家品或容貌並無法隨心所欲地更改。因而有不少女性刻意花大筆錢整型美容，改變自認比不上他人的鼻形或額頭的形狀等。雖然自卑感具有激勵女人積極向上的效果，但這個癥結一旦惡化即會朝捉弄他人、猜忌的方向發展。

造成女人心狂亂的自卑感有以下幾個要素。

①對容貌、身材的自卑感
②學歷自卑感
③談吐的自卑感
④教養的自卑感
（語學自卑感／知識自卑感）

這類自卑感越強時在選擇男人或與異性交往上會出現偏頗，通常也具有造成不信賴對方的傾向。

■女人心之謎

一名舉目無親的女人對自己的晚年感到不安。她長年擔任某一流公司的董事長秘書，退休後任職一所秘書學校的指導員爲生。爲了將來，她已積蓄了不少錢，現年六十四歲的她，也有老年年金可得，生活上並沒有任何的煩惱。

但是，只要想起晚年獨自生活的情景則感到不安。在朋友的建議下，比較了各地的老人安養院的簡介，而自己也親自到老人院參觀，慢慢的她也覺得老人院才是自己託付晚年的最佳場所。

因爲，老人院內不但有溫泉、運動設施、才藝班，甚至還有專屬的醫師。

不過，進老人院必須有四千萬日圓的保證金。六十四歲的她，一想到舉目無親的自己將孤苦伶仃的度過餘生，更嚮往這家老人院，即使拿出所有的積蓄也無妨。於是她搬離東京都內的大廈住進老人院。剛開始的幾個月的確覺得非常愉快。

但是，在經過一個月、二個月後，她每天煩惱不已，幾乎到了神經衰弱的狀態。每次她想和大家在老人院的餐廳共餐時，每個人卻都避開她，不知不覺地餐桌上只剩她孤伶伶一個人。

當她在老人院的圖書室閱讀時，有人卻突然關掉電燈使四周變得一片暗黑。看見有幾個人在院子裡閒聊而想過去參與時，他們卻馬上結束對話。再經過一個月左右，她覺得自己似乎是人人避之猶恐不及的局外人。即使在走廊與人碰面，對方的眼神立即岔開並撇過臉去。原本以爲是世外桃源的老人院，刹那間像是地獄般地令人恐懼。

而且，令人困擾的是金錢問題。本來以爲只要支付保證金四千萬日圓即可悠哉地度過晚年，原來這是天大的誤解。

每月房間的使用費、飲食費、清潔費等陸陸續續有詳細的計費。她再也忍不住而打算終止在老人院的生活，而向經理提出取回保證金的要求時，對方的回答卻是：「只能還三千萬圓。」據說根據退款的規定，在一年以內必須扣除一千萬圓。她覺得即使損失也無所謂而決定離開老人院。

在她離去的前一天，老人院的一名老婦人突然對她說：

「妳知道爲什麼被大家討厭嗎？妳的頭髮顏色！」

她不太清楚頭髮有什麼問題。

「妳的頭髮油黑亮麗！如果染成白色就好了。」

女人的心理眞是不可思議。對於處於和自己類似狀態、同樣有一頭白髮、同樣皺紋滿面的老人模樣的人不會感到排斥，唯獨無法忍受頭髮油黑亮麗、顯得特別年輕的女人。雖然不會直接了當的表示內心的厭惡，卻以間接的方式一步步地傳達她們的嫉妒。這樣的心理不論在年輕或中年女性之間都是一樣的。

約會中瞭解情人眞心的關鍵

■舉止動作中的七個觀察點

男女成爲情侶關係，在交往一段時間之後，彼此都會揣測對方是否眞的對自己帶有好感？抑或討厭自己？渴望能掌握對方的眞心。

也許口頭上說喜歡，內心卻有不同的感受。在此站在女性的立場來探討這個令人擔憂的問題。

〈測驗法①〉

二人並肩同行時，刻意地放慢步調走在後頭。他會怎麼辦？

如果他對妳眞的帶有好感，必會停止腳步等候妳以配合步調。如果他置若罔聞獨自前行，乃是對妳帶有排斥感的徵兆。

〈測驗法②〉

二人並肩而行時，刻意更換並排的位置。如果男性站在右側、女性站在左側，故意反過來由妳站在右側而男友站在左側。

如果他因此感到浮躁不安而渴望改變位置時，通常是渴望自己帶頭領導、順遂己意的徵兆。

〈測驗法③〉

並排坐在椅凳時，刻意將手上的皮包放置在兩人中間。

如果對方對這個動作並不引以爲意，通常是不積極地渴望與妳變得親密或感情並不濃厚。人與人之間所保持的空間距離表示彼此間的好感。彼此帶有好感時如果二人之間有障礙物會感到不安。

〈測驗法④〉

電話是掌握男女間心理的重要道具。與情人打電話時，那一方較常掛斷電話呢？

無意識中關心工作或在意與他人之間的應對，而不熱衷於和情人談電話時，自然會暴露「想儘早掛電話」的態度。於是會出現想儘早掛電話的動作或談話的內容變得曖昧不明，談話中的問答也不得要領。

〈測驗法⑤〉

餐廳、小酒館、咖啡店裡的動作。走進店裡坐在位置上時，是否有環視周遭景況或在意周遭顧客的舉動？

這類動作，通常出現在男友和妳二人走進店裡感到不安或怕被熟人撞見等情況。

〈測驗法⑥〉

共餐或喝完咖啡後走出商店時，請注意在櫃台的付款動作。

這時的問題並非男友是否代爲付款。而是付款後是否注視帳單的內容。

有些人並不拿帳單，而有人拿帳單後立即丟進垃圾筒內。如果這個約會是掩人耳目的行動，帳單將成爲事後追查線索的情報。

如果對方是以公開的心態和妳交往並重視妳，絕不會將帳單悄悄地丟進垃圾筒內。

〈測驗法⑦〉

約會中故意看手錶或附近的時鐘。反覆二、三次這個動作。從他的反應可以瞭解他對妳的好感度。

如果對方渴望和你交談或覺得在一起的時光非常愉快，絕不會注意看手錶的動作。

但是，如果他想儘早離去或正想利用藉口終止約會時必會說出：「怎麼了？要不要回家了？」

上述的測驗法那一個最令妳掛意呢？

吃法會暴露潛在心理！

■胖子不夠格當上班族？

美國有越來越多的公司在錄用職員的面試考試上規定「不採用太胖的人」。

美國社會之所以有這樣的觀念，乃是基於無法控制「吃」這個本能慾望的人，在工作上也難以成功的理論。換言之，如何自我抑制食慾的本能，可從而獲知個人日常生活的耐力、行動習性、性愛傾向等線索。

■從飲食法看穿你的眞面目

吃喝的行爲乃是人本能上的基本慾求。這是我們在無意識中每日反覆的行爲。因而只要觀察吃、喝的習性，即可能洞穿個人的眞面目。

以下用測驗的形式，分析吃喝的基本慾求，並探討人的性格、戀愛、性愛傾向。

〈心理測驗1〉

★對女性帶有不信感的原因

當出現以下五種料理時，會以那個順序進食？

A、天婦羅　B、生魚片　C、蒸蛋　D、泡菜　E、醃醋物

〈解說〉

這是根據進食料理的順序探討你的自卑類型、性愛慾望的心理測驗。

日本料理有其一定的禮儀，而在日常的飲食中通常會根據自己的嗜好進食，有些人一開始即吃自己最愛吃的食物，而有些人則把最愛好的食物放在後頭。不過，各個料理在飲食者眼中的印象、材料的調配狀況互不相同，這也會改變每個人進食的順序。

在此例舉五種料理，而以泡菜基於第幾順位來解說飲食者的心態。

●泡菜居第一順位

泡菜是最有家庭氣息的食品。最先動筷的人似乎帶有對孩提時代的鄉愁，或渴望母性愛、對性有極大的自卑感。也許內心深處有所不滿，通常是外表冷漠的色鬼。

●泡菜居第二順位

外表溫和給人老實的印象，但對異性卻採猛烈的攻勢。爲所愛的人犧牲奉獻，在性愛方面嚮往技術的講究。天生對異性帶有不信感，害怕被人背叛。同時，這種人在異性關係中常

有秘密。

●泡菜居第三順位

愛情的表現涵蓄，對性愛的態度也淡薄。情緒起伏不定，無法忘懷過去初戀情人的類型。帶有未臻成熟者的自卑。

●泡菜居第四、五順位

屬於一般性格的人。這種類型根據最先動筷的食物又可分成以下三種。

①最先吃天婦羅、醃醋食品的人

爲愛赴湯蹈火，但一旦厭倦即揮手說 Bye～Bye 的率性者。常以自我主張爲行動的依據而不顧慮他人。

在性愛方面也不注重如何使對方獲得滿足，完全依自己的慾望掌控。愛慕虛榮、重視外表。

②最先吃生魚片的人

樸質而純情的人。容易對異性一見鍾情，即使犧牲自己也爲愛奉獻的類型。會直接了當表現性愛慾望。但對同性常有自卑感。

③最先吃蒸蛋的人

男女關係中追求精神之愛勝於肉體的結合。性的觀念較保守，討厭露骨的性愛表現。似乎多半是個性內向，極度控制自我感情的人。

〈心理測驗2〉

★具有那些性方面的不滿

當你面對全餐而不知正確的使用法時，你會如何地用餐？

請從以A～D中選擇你可能有的反應。

A、模仿旁人的動作。

B、如果缺乏自信則不動筷。

C、只吃懂得如何進食的食物。

D、不在意用餐禮儀把全部吃得精光。

〈解說〉

●選擇A的人

這種類型是屬於安全第一主義者。凡事不無理強求、不冒險。重視與周遭的協調性。也不會

對異性過度沉迷，極度畏懼自己受到傷害。擅長處理性慾。有時會出外旅遊享受與異性的愛情冒險。

●選擇B的人

天生具有強烈的自卑感，個性認眞卻帶有悲觀。生性懦弱，非常在意世間大衆的眼光。與異性交往時也不能直接地表現自我，因而常有慾求不滿。同時，不知如何處理鬱積的不滿，常因過度顧慮各種狀況甚至造成性衰弱。這可能是對泰國浴或酒家等性愛場所產生的生理上的排斥，或潔癖使然。

●選擇C的人

凡事都渴望以合理的觀點、依循道理畫分清楚的。不倚賴他人，凡事親身體驗而下判斷。在戀愛、性愛方面似乎也會區別逢場作戲或眞心相對。雖然擁有使異性滿足的技巧，卻不會強求對方配合。

傾向於選擇能共同享受性愛生活的女性，而不受對方容貌、身材等外觀的美貌所影響。具有敏銳的動物性直覺，能一眼拆穿在性愛方面是否與自己搭配得宜。在性愛方面幾乎沒有慾求不滿。

●選擇D的人

這種人充滿著活力、精力充沛。和任何人相處得來，也懂得如何使異性歡愉。尤其是男性，具有挑逗異性母性本能的能力，深受年長女性的歡迎。

性愛當做是一種運動，自己也會積極地享樂其中。女性若屬這種類型，具有開放的性觀念，會輕易地和任何人同床共眠。一般而言並不在意他人耳目而有大膽的行止。但慾求不滿也有高低起伏的傾向。

〈心理測驗3〉

★對異性的關心是否正常

以下A～D中的進食法那一個特徵與你最相近？

A、進食法顯得相當高雅

B、進食時不時地發出聲音

C、默默地進食

D、視線在周遭游移而進食

E、一邊說話一邊用餐

〈解說〉

進食的動作似乎會反應個人幼兒期的教養或兒童期的生活。因此，可以從中窺視目前的性格、生活態度，甚至可看出所欣賞的異性種類。

●選擇A的人

這種吃法在相親的場合常見。因爲，人在無意識中會渴望展現自己最好的一面。如果平常是這種進食法的人，會壓抑自己的感情，很難在他人面前暴露眞心。

由於防衛本能極強，只要碰到對自己不利的事，最後必會選擇利己的行動。這種人在異性眼中乍看下顯得溫柔，但經過一段交往之後會令人覺得冷淡。

●選擇B的人

堅忍不拔、耐性高人一等。通常是組織內的領導人物。但對於能力強過自己的人帶有挑戰意識，視若競敵。對出人頭地極爲關心。猛烈地追求喜歡的異性，在性愛方面重量而不重質。

●選擇C的人

拓展自己的技術，或專業知識的認眞派。對他人處心積慮。給人難以相處的印象。但一旦體驗到眞正的友誼、愛情則不背叛。

在性方面作爲大膽異於外表，對異性會露骨地追求。

●選擇D的人

警戒心強、浮躁不安的人。也帶有強烈的好奇心，只要感興趣的事物都想嘗試一番。但缺乏耐性，容易生厭。

與異性交往時也常三心兩意。尤其是男性，天性好色，即使在擁擠的電車內只要看到美女即渴望與之接觸。

●選擇E的人

喜怒哀樂非常明顯的人。被人欺騙或背叛時會發牢騷，但隨即忘得一乾二淨。

雖然曾經有無數次在異性關係中飽嘗苦果的經驗，卻熱情洋溢，且不時地追求另一個愛情。

〈心理測驗4〉

★你所隱瞞的眞心

當你喝醉酒時會處於何種狀態？請從A～D中挑選一項。

A、嚎啕大哭

B、挑釁他人

C、暴跳如雷

D、向他人說教

E、笑鬧不停

〈解說〉

●選擇A的人

熱情的浪漫主義者。喜歡上某個異性時則無法壓抑自己的感情。待人誠懇卻常遭背叛，因而帶著強烈的不滿。黃湯下肚極易落淚，通常是對性有強烈的慾望。

●選擇B的人

喝酒後動作變大或開始發牢騷的人，帶有強烈的叛逆性。對同事或長輩也有不平不滿。在性愛方面帶有強烈的自卑感，相對地對異性極爲關心。

●選擇C的人

多半是屬於行動派，但也有率性而爲的幼兒性格。平常顯得認眞、老實，卻也因而積壓著許多的不平不滿。隨著慾望的高漲而燃起對性愛的需求，體力也充沛。

●選擇D的人

多半是平日對自己缺乏信心的人。帶有藉酒發洩不滿的傾向。對性愛帶著過度的警戒心，若非以身相許者無法燃起熱情。

●選擇E的人

平常沉默寡言的人，幾杯黃湯下肚後變得喋喋不休或胡鬧起鬨，多半是在人際關係中處於過於緊張狀態的人。不喝酒時禮儀端正、性格一絲不苟。以認眞的態度對待女性，性方面的慾求也適可而止。不會有令對方困擾的追求方式。

〈心理測驗5〉

以下依據個人嗜好的酒類，列舉其性格或人際關係上的特徵。

●喜愛日本酒的人

一般而言屬於保守派。富社交性、樂善好施。無法拒絕他人的請求。尤其是男性對待女性特別親切。

●喜愛威士忌的人

具有順應性，常聽旁人的意見。也擅長掌握異性的心理。

●喜愛洋酒的人

裝模做樣、崇拜高級品及奢華嗜好的人。常有偏離事實的夢想、情緒有高有低，對異性也相當挑剔。

●喜愛啤酒的人

具有最發達的庶民感覺。不賭氣也不愛慕虛榮，通常會直接地表現自我。

從指甲油瞭解女性的性願望

■指甲隱藏的玄機

發笑時掩住口、拖著腮幫子、比手畫腳地補充談話的內容等等，在各種場面我們常以手的動作傳達訊息。常有機會進入對方視線的是手，而手中的指甲對女性而言也是表現時髦的重要部位。

女人意識到男人的存在時會注意指甲的護理或修飾，反之如果爲平日的生活奔波忙碌而無閒暇的女人，通常不會塗指甲油或指甲油塗得不均、表面剝落等。指甲油的顏色會暴露渴望獲得男性注意或性的願望。

從指甲油瞭解女性性願望的第一個檢查重點是顏色。接著看是否塗抹均勻？指甲油是否剝落？從這些檢查的要素可發現性慾程度的不同。

●火紅的指甲油

女性塗抹火紅的指甲油是直接地表露其內在慾望的時候。追求這樣的女性時不需要講究特殊的技巧。要領是一開始即大膽地接觸。如果對方對你帶有好感，當天即有可能發生性關

第四章　看穿情人的深層心理、測驗與問題

係。

好惡明顯的女性，金錢慾望也高的時候。如果指甲油剝落，通常是對工作、遊戲或性失去興趣的時候。向旁人發洩不滿或採攻擊性的態度。

●粉紅色的指甲油

討厭男人直接了當的追求方式，非常嚮往愛情及浪漫的氣氛。對於容貌、身材、青春等所有的一切自信滿滿，因而對男人也相當挑剔。最在意男人如何對待自己，如果對方表現粗野的言詞、態度必怒形於色。指甲油塗抹不均的女性，通常熱衷於工作或興趣而不追求愛情、婚姻。性慾較弱的時候。

●米色的指甲油

熱衷於工作、愛情的時候。熱情而富忍耐力，有時帶有強烈的叛逆性及自我主張。認爲自己富有知性魅力而常有不顧慮對方立場、感受的舉止行動。碰到困難的事物越積極參與的人，通常會爲比自己程度更高的男人盡心盡力。

反之，對於拜倒在自己石榴裙下的男人毫無興趣。一絲不苟的性格且追求十全十美，因而鮮少會有指甲油剝落的情況。

●橘色的指甲油

對性極爲關心，會直接表達自己的性慾。生性樂觀絕不爲細微小事悶悶不樂。討厭懦弱者或顯得娘娘腔的男人，如果知道對方有戀母情結，甚至會在面前大聲怒喝。

指甲油的塗法顯得雜亂、不均、剝落的女人乃是異性關係或生活紊亂的證據。擁有自己也無法解決的煩惱，過著隨波逐流的生活。

●紫色的指甲油

通常是好奇心強、渴望刺激、冒險的女性。嚮往在旅遊地有一段冒險的邂逅，尤其欣賞歐美人，在國外旅行時渴望自由自在地享受性愛時，通常會塗紫色的指甲油。而留長指甲是屬於在床上渴望有激烈的性交，以領導男人的方式感到喜悅的類型。指甲油剝落的女性，在性交之後會處於短暫的柔順狀態。

總而言之，是東方男人難以相處的女性。

●加金條的指甲油

塗抹加金條的指甲油的女性，通常是以自我爲中心，想法任性的人。受容貌端正、擁有社會地位與財富的男人所吸引。在性方面會積極地領導男人，使其感到滿足。

不過，自認不輕易受男人甜言蜜語所誘惑。但這種女人仍有攻陷的技巧。

其一是酒。黃湯入肚即判若兩人。其二是無法敵擋有如父親類型的男人，因而必須令這種女人覺得足以倚靠。基本上似乎不討厭性愛。

●透明的指甲油或不塗指甲油

指甲油的顏色極淡或不塗指甲油的女性，通常性慾淡薄。可能比起異性以外，還有工作、興趣、讀書等感到歡愉的事，或沒有值得信賴、渴望被愛的對象。

如果你的女友的指甲油顏色淡薄，可能是對你有所不滿或沒有愛情。另外，也要注意修剪指甲等保養的狀態。指甲不潔的女性難以保證穿著的衣物（内衣等）能夠保持清潔。因爲，指甲暗藏污垢乃象徵生活的散漫。

裙子與女人心的奇妙關係

■測驗嫉妒心

最近，男女間的流行服飾已没有太大的區別。紅色的服裝不再是女性的象徵，而留長髮也不是女性的特權了。

不過，至今尚未看見男性穿著裙子在馬路上招搖。換言之，裙子至今仍是女性的象徵。而表現激烈的嫉妒似乎也是女性特有的性質之一。因此，以下我們就根據裙子來分析女性的嫉妒度。

據說裙子長度和嫉妒的強弱有密切關係。一般而言，穿著長裙的女性嫉妒心較強。

A、超短迷你裙　嫉妒度二〇%

對身材及性都有自信的女性。迅速敏捷的行動派，富社交性，光明正大地與男性交往，因而鮮少嫉妒對方。

B、迷你裙　嫉妒度三〇%

充滿著對年輕的自信。自信可以穿著更短的迷你裙，但認爲這個長度足以吸引男人的眼光，刺激其官能享受。個性開放且自信的女人。

C、一般長度　嫉妒度五〇%

安全主義者，凡事不無理強求。交往的對象多半是公司的同事。穿著有裝飾的裙子通常是感到嫉妒的時候。

D、迷膝裙　嫉妒度七〇%

具有強烈的性道德觀，絕不允許對方拈花惹草。原因通常是對自己缺乏信心，只要看見意中人對其他女性表現溫柔的態度，即產生嫉妒。

E、迷地裙　嫉妒度八〇%

對自己具有信心且懷抱遠大的夢想或理想。崇尚高級，對名牌、流行極爲敏感。渴望男人的尊重，遭受背叛時會表現強烈的嫉妒。

■裙形暴露性格

裙子的形狀和嫉妒的強弱有何關係呢？

●裙擺呈波浪狀

展露美貌的心態。在人際關係中表現溫和的態度，是旁人眼中的「好女孩」。但目睹意中人對其他女性表現溫柔時，會急速地燃起嫉妒之火，浮躁不安、失去冷靜已判若兩人。在工作上反覆過失，即使遭受上司責備也爲自己辯解。前後判若兩人令人驚訝。

●窄裙

對身材充滿信心，熱切渴望成爲被人打情罵俏的對象。個性一絲不苟，自尊心高，厭惡半途而廢，因而在公司裡是認眞幹活的類型。

不過，所交往的異性若有非份之想會露骨的表現不滿。自我主張非常強烈，是屬於領導男人的類型。

●開叉的裙子

討厭優柔寡斷的男人。生性頑固，對喜歡的異性不會明顯地暴露嫉妒心，儘量克制自己內心的不滿。

喜怒不形於色，懂得掌控情緒的人。擁有積極的生活觀，會把內在的妒火轉移到其他的目標，朝語言學或才藝等新的分野挑戰。

●褲裙

悠然自得的性格。碰到不快的事可以輕描淡寫地化爲烏有。

碰到他人橫刀奪愛或出現來勢洶洶的情敵時，在燃起一較長短的對抗意識的同時，也能享受其中的刺激感。

對這種女性而言，少許的嫉妒具有適度的刺激劑的功能，可以產生積極性與衝勁。

●有大花紋的裙子

對男性或性帶有強烈的憧憬。誠實面對自己的感受，絕不壓抑感情，直接了當地表現喜怒哀樂。若當場撞見情人的偷情，必嚎啕大哭責難對方。露骨地發洩內在的感情而難以平撫自己的情緒。若有不如意的事必推卸責任而責難他人。

●條紋狀的裙子

對自己缺乏信心，常悲觀地認爲自己一無是處的人。如果出現情敵，除了感到嫉妒外還會自打退堂鼓。

旁人對自己的評價比自認的還高卻毫無所覺。這種女性無法冷靜而客觀地批評他人或自己。

第5章

從瞭解掌握成功、解決人際關係的煩惱

不可相信直覺？

※臨危不亂、保持冷靜

隨著人際關係日益機械化、組織化，相對地必須有判斷人的知識，但光憑外表很難做眞確的分析。

世間人形形色色，有所謂「面善心惡」者，反之其貌不揚者卻也可能是忠厚純樸的善人，因而在判斷他人時，不僅要仔細地觀察，還必須從其周邊「聽聞」各種情報，祈使眞正地「明辨是非」。

人是感情的動物，極易受外在的官能影響，而我們的直覺也常左右了對他人的判斷。爲了避免妄下判斷，凡事應保持冷靜、客觀的態度，避免受直覺或主觀過度的干涉。

※成功者有其特殊的「標記」

社會上成功的實業家、政治家們一般都有其自創的鑑人法或人才發現法。反言之，缺乏這一類鑑別技術或判斷力的實業家，在成功的條件上已略遜一籌。

美國著名的億萬富翁，被敬稱爲「鋼鐵王」的安德魯・卡內基有此一說。

「人身上有其標記，可以一眼看穿是否是將來功成名就的人物，或成功榜上無名的人。

未來的成功者所具有的標記是懂得節儉儲蓄。身上帶有將成爲成功者標記的人，就職之後不論所得如何即開始儲蓄。資本家信任會儲蓄的青年。財神爺所尋找的是與自己相稱的伙伴，因而他會毫無條件地貸款一千英磅給努力工作，而擁有積蓄一百英磅的青年。」

「創造性」教育的世界級權威A・歐斯博恩教授有一套特殊的人物評鑑法。他常藉此尋找自己工作的伙伴。

有一次，他聽一名友人提起在其記憶中有一位穿著打扮最爲齊整的朋友，歐斯博恩教授即根據「穿著打扮非常齊整」這一點而決定錄用這位人物。

另外，有一名女性相親後一直無法拂卻對方醜露的「鼻形」的印象，莫名地覺得對方是「壞人」，使得這件婚事無疾而終。這位女性的人物鑑別法是否正確呢？

而堪稱世界首屈一指的大富翁洛克斐勒，也曾經被初戀情人甩了。據說原因是因女友的母親說：「我的女兒怎麼可以嫁給不可能有將來的男人。」判斷人物時可能因一點疏忽而錯失難得的機會。

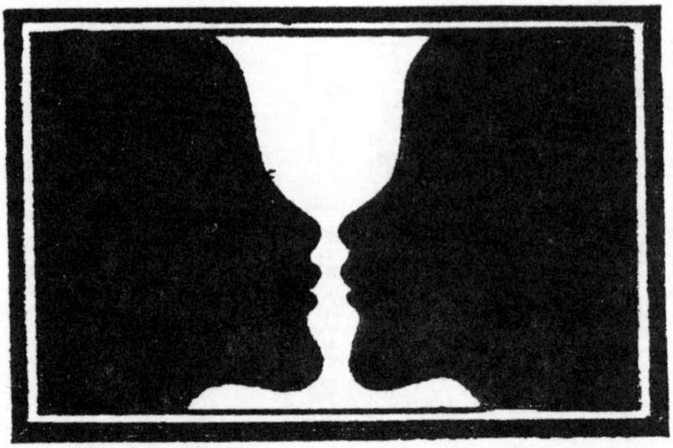

(1)

※從插圖分析你的精神狀態

難以做正確的人物鑑別的原因之一是，我們所做的判斷很容易受「心理狀態」「生活體驗」「文化層次」的影響而出現偏差。譬如，情緒消沉或心浮氣躁時和歡欣喜悅的狀態下與人會晤所獲得的印象出入甚大。

譬如，請看圖(1)的圖形。它看起來像什麼？有些人覺的像是兩個人的側臉。

但有些人則看似一個大的玻璃杯。

富行動力而顯得活潑時通常視線會停留在白色的部份，而情緒不安定或顯得消極時，映入眼簾的是黑色的部份即人的臉廓。

請看圖(2)的插圖。有些人只覺得是一些腳印，但也有人可能聯想到性愛的場面。

以平面來分析這個插圖的人思維較爲單純，而對

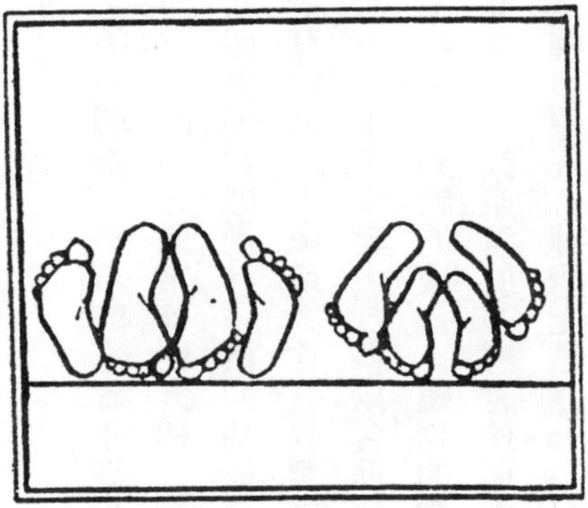

(2)

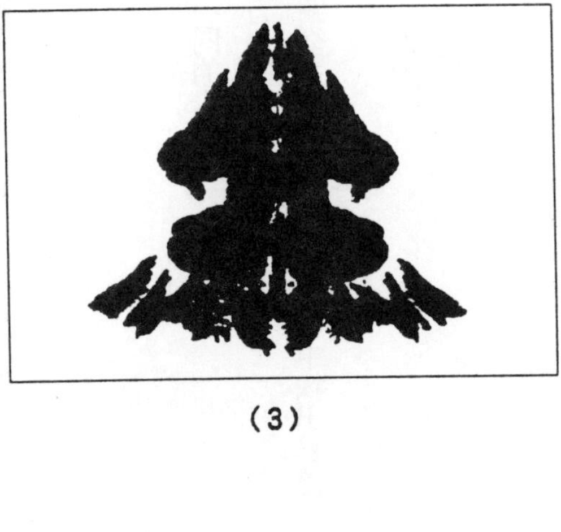

(3)

性不感興趣的人通常會將這個圖畫看成是「腳」。

但從這個單純的腳印圖形做各種的聯想而浮現立體影像的人，通常會想到男女間性愛的場面。

生活的體驗、日常的慾求不滿也會反映在判斷上。

而判斷的出入通常會因人種、職業、性別呈現出來。

就如圖(3)類似墨汁污漬的胡亂塗鴉也會使人有各種不同的聯想。

帶有性慾求不滿或對性有異常關心的人也許會有性方面的聯想。

而生活中規中矩，凡事以合理化處理的人，可能試圖從這種曖昧不明的圖形中找出具體的「圖形」—如動物的臉孔、植物的葉子或某種物體。

換言之，觀察者的心態會使所面對的對象的「形狀」改變。

這種現象在心理學上稱爲「投射」。

※福爾摩斯的分析

根據上述的觀念，憑第一印象幾乎難以正確而客觀地判斷「對方」。不過，其中倒也存在著不少的可能性。

根據看人的技巧，可以將第一印象的錯失減至最少。

柯南・道爾的名著『福爾摩斯的冒險』中，名偵探福爾摩斯對人物的判定有以下的精湛解析。

「你並不是不懂他的人品，只是不注意而已。不看應該看的地方，自然會錯失重要的特徵。你當然無法瞭解袖口或拇指的指甲有何重要及暗示性？且從拇指能獲得多麼神奇的結論。（中略）你應該注意細微的部份，不要被整體的印象所束縛。當我面對女性時，通常會注意其袖口。若是面對男性，則觀察其膝蓋部位。你也許也注意到那位姑娘的袖口有補丁，那是最容易損傷的布料。打字時手腕上頭會碰觸桌面，而那位姑娘的袖口留有兩條清晰的線條。操作手動的縫紉機也會留下類似的痕跡，不過，那是在左手且接近小指的部位。但那位姑娘是在右手留下寬幅的痕跡。而且，看她臉孔的鼻梁兩側留有戴眼鏡所形成的勾痕。因此我問她近視打字相當疲倦吧？她似乎頗爲驚訝的樣子。」

（『花婿の正体』）

※無意識所傳達的訊息

與初次見面者會晤時，一般人通常會被對方整體的印象所吸引，因而錯失細微的部份。

當男人穿著一套新穎的舶來西服，光憑外表即令人以爲是經濟相當寬裕的紳士。第一印象所造成的過失，多半是受這類顯而易見的部份的束縛而造成。

福爾摩斯的人物觀察法乃是不被外觀所獲得的第一印象影響，將全副注意力集中在其他細微末節上。從一般人所疏忽的細微部份可以分析出對方整體的生活模式。

現今有越來越多的學者以更合理、學問的角度試圖研究這類「觀察法」。

一九七〇年在美國造成轟動的『肢體語言』這本書也是其中之一。該書的主旨是根據人無意識中的姿勢或盤腿方式、動作等掌握個人的性格或慾望。

譬如，約會中女人不自覺地在男人面前做起雙手抱胸的動作，據說乃是暴露對該男人的「排斥」心理，這是一種拒絕「邀約」的「肢體語言」。但是，如果女性在男性面前略微開腳站立，據說是「肉體」沉默地表示：「應允你的邀約」。

你的視線銳利嗎？

出人意外的六個測驗

即使對自己的觀察力深具信心的人也通常會受騙上當。平日留意觀察的事物常會意外地使人疏而不見。這類情況常發生在我們日常生活中。

我們以交通信號爲例來說明。「紅燈」是在右側或在左側？行人穿越道上的「紅燈」是安裝在上面或下面？

平日習以爲常的這些交通標誌，事實上一般人並沒有特別去觀察。

不動產的詐欺或假支票，多半是利用人們觀察力的盲點。因此，我們做幾個鑑別力的測驗。

〔測驗1〕

日本一流照相機——日本光學，在雜誌上刊登如圖所示的廣告。但是，看到這個廣告的董事長對負責廣告的人埋怨說：「有這麼糊塗的廣告嗎？」原因爲何？

〔測驗2〕

看過寫著可口可樂商標的可樂瓶的人說：

測驗1

測驗2

「這個可口可樂也許是假的。」原因是文字有錯。下圖的可口可樂的文字中的確有個地方不對。在那裡？

〔測驗3〕

銀行也是卡片盛行的時代。這是日本住友銀行的信用卡，有個人拿這張卡片給櫃台，卻被警官當場扣押。這張信用卡那個地方不對？

〔測驗4〕

這是出售阿力那敏而聞名的武田藥品的廣告之一，其中有個地方不對。在那裡？

〔測驗5〕

製作這個月曆的印刷廠從此之後沒有任何訂單。為什麼？

測驗3

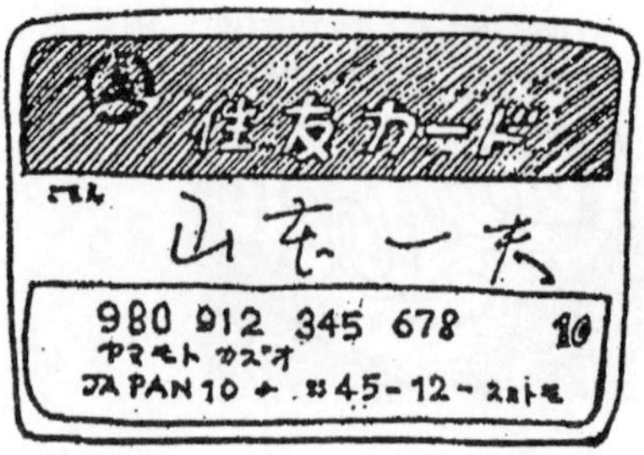
住友カード
980 012 345 678
ヤマモト カズオ

測驗4

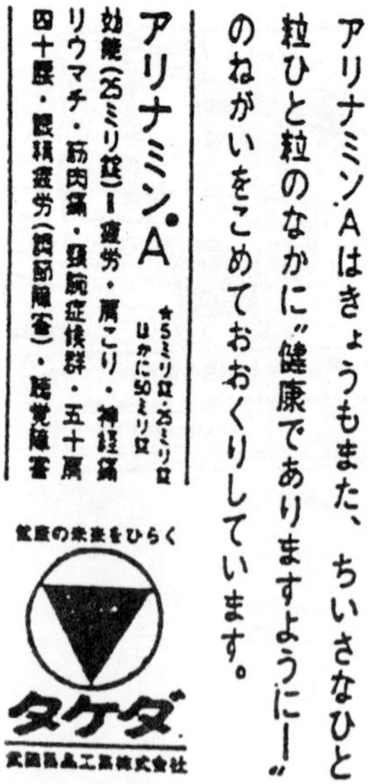
アリナミンAはきょうもまた、ちいさなひと
粒ひと粒のなかに"健康でありますように!"
のねがいをこめておおくりしています。
アリナミンA
効能(25ミリ錠)I 疲労・肩こり・神経痛
リウマチ・筋肉痛・頸腕症候群・五十肩
四十肩・眼精疲労(調節障害)・聴覚障害
健康の未来をひらく
タケダ
武田薬品工業株式会社

〔測驗6〕

在此所並列的數字幾乎是每天在報紙上所看見的一部份。它們各代表什麼數字？

〈測驗1的解答與解說〉

日本鼎鼎大名的相機廠商、日本光學如果刊登這個廣告就糗大了。

請注意看相機的名稱。日本光學的名稱是「Nikon」而這個廣告上竟寫著競爭對手的「Canon」。這麼大的文字卻有許

測驗5

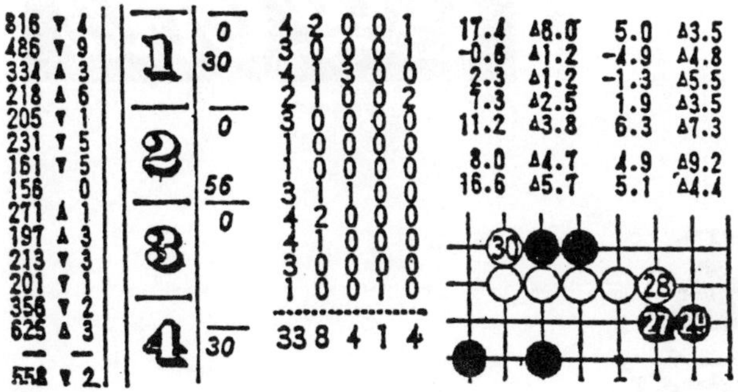

(1) (2) (3) (4) (5)

測驗6

多人毫無所覺。

〈測驗2的解答與解說〉

看到這樣的問題，一般人很容易猜想字體是否有誤或書寫錯誤。但這個可樂瓶文字上的錯誤非常簡單。請和眞正的可口可樂瓶比較。Coca 下面有一條橫線記號。正確答案是 Coca-Cola。

可口樂瓶上的「—」記號非常小。

〈測驗3的解答與解說〉

請注意住友銀行的「標記」。這張卡片上的標記是日本富士銀行的。

〈測驗4的解答與解說〉

和測驗3同樣地，錯誤是在武田藥廠的

※正確答案是以下的商標。

標記。正確的記號是正立的三角形。

〈測驗5的解答與解說〉

這是九月份的月曆，「31」是多餘的。大部份的人應會發現其中的錯誤。但請再注意看一次。有兩個地方寫著「火」（「火」是代表星期二）。結果這份月曆變成沒有木曜日（星期四）。沒有訂單是自然的道理。

〈測驗6的解答與解說〉

(1)日本各地的氣溫（最低、最高、平均差）　(2)象棋　(3)棒球的記錄　(4)電視的節目表
(5)股票值

記分方法

檢查測驗1到測驗6各項的正確答案，答對者得一分，再合計其總分。而測驗6的1～5項各得一分。其結果的評斷如下。

●7分以上……具有相當卓越的鑑別力

●4～6分……堪稱安定型

●3分以下……鑑別容易出現過失，易受騙。應注意。

縈繞在你周遭的機會與糾紛

※深層心理測驗「緊要關頭的你？」

在公司或社會整體處於經濟上昇期、環境安定下鮮少會有問題發生，但略有變動時，微不足道的問題也會搬上台面而掀起大波濤。這時人的行動會出現各種的類型。發生糾紛或遭遇混亂災害時，你會如何自處……。請根據以下測驗做一番分析。

這個測驗是屬於「深層心理測驗」。這是爲了探討內心深處之謎所考察出來的問題，其目的異於一般的心理測驗。

〔測驗1〕

換好睡衣正在刷牙時，大門的門鈴響了。家裡只有你一個人。你該怎麼辦？

A　穿著睡衣立即去開門

B　換好服裝後再開門

C　佯裝不在家

〔測驗2〕

庭院裡的盆栽約有一星期未曾澆水，盆栽的植木快要乾枯了。看天空的景況似乎就要下雨。你會為盆栽澆水嗎？

A　澆水

B　不澆水

C　再等一天

〔測驗3〕

請根據以下的語詞從三個答案中挑選你所聯想的事物

①、火—A火柴棒　B地獄　C火災

②、黑—A夜　B黑人　C隧道

③、白—A砂糖　B珍珠　C新娘禮服

〔測驗4〕

攜帶洋酒做為中秋贈禮，但到朋友家的途中不小心掉落在地。從外表看不出內裝的酒是否破了。你會怎麼辦？

A 返回家確認
B 原封送給朋友
C 在對方的面前打開包裝檢查

〔測驗5〕

伸手到抽屜內取用平常食用的維他命劑時，突然停電而一片漆黑。你會怎麼辦？

A 摸索著找到藥品再服用
B 點火柴棒或打火機找尋藥品再服用
C 不服用

〔測驗6〕

夜晚精疲力倦地躺臥在被窩裡，不久突然聽到消防車、警車的巡邏聲。附近似乎發生了什麼事。

A 雖然精疲力倦也暫且起身一探究竟
B 照睡不誤
C 靜觀其變

〔測驗7〕

招待兩位朋友到家裡吃晚飯，結果飯卻不夠。如果兩人要再來一碗就出糗了。而你還未進食。你會怎麼辦？

A　暗中打電話叫人送飯
B　用眼神示意較親膩的朋友，央求其不要再添一碗
C　隨形勢而定

測驗＼解答	A	B	C
1	5	1	3
2	3	5	1
3①	5	1	3
3②	3	1	5
3③	5	1	3
4	1	3	5
5	5	3	1
6	3	1	5
7	1	3	5

9分～　18分……A
19分～　23分……B
24分～　38分……C
39分～　45分……D

〈解說〉

合計測驗1～7的解答，再根據評分表上的分類做判斷。

A、發生糾紛或公司有大變動，主管職位大變動時，會有相當敏感的反應，因此而失去工作意慾的危險性非常高。

緊急狀態的反應極快，但可能過於慌張而判斷失誤或出現平日不可能發生的過失。發生地震時會茫無目的地衝向戶外，結果因而受傷或可能自尋死路。平常不會自亂陣腳，但缺乏緊急狀態下的常識性判斷，事後常會懷疑自己會爲何有異常的行止。當物資不足時會被情報所左右而率先搶購，對於社會情勢的變化過於敏感反應，反而造成失敗。

發生緊急狀態時，應先冷靜觀察周遭的狀況，避免擅自行動。

B、過於在意旁人的意見，受各種情報的左右反而迷失自己。

緊要關頭遲疑不決的決斷是致命傷。在混亂中也會聚集情報或資料做爲判斷的依據，但往往受這些情報的左右而失敗。錯失下決斷的時機時，可能蒙受比一般人更大的損失。

這種人通常平時對自己的觀念具有信心，在緊要關頭不可自信過盛，遵從領導者或指揮官的命令才是拯救之道。

C、發生問題或公司產生危機時也具有熬過難關的耐力，生性樂觀且具有常識性的判斷力，會根據衆人的行動再採取行動，在團體中是最能發揮迅速敏捷行動力的人。

不過，現場若無指揮或領導者會陷入不安，有時因絕望而錯失獲救的機會。

碰到緊急狀況不要只倚賴他人的協助，自己也要提起勇氣突破難關。而緊要關頭領導者的好壞會決定團體的命運。在緊迫的時候該順從那一個人的意見？平時必須培養觀察人的眼力。

D、平常具有除了自己以外無可倚賴的觀念，同時秉持這個信念採取行動。

不會爲無聊小事悶悶不樂，凡事都積極向前且具有勇氣。

即使在旁人已抱定絕望的狀況，也能堅忍不

拔地活存下去。不僅具有分析力與冷靜的態度，生命力旺盛、求生的強烈意志是死裡逃生的關鍵。

處於混亂狀態時特別堅強，具有強烈的行動力，即使排斥他人也保護自己及家人。意志堅強，即使遇著山難也會一個人熬過艱苦的數天。

不過，可能缺乏主動去帶領團體的意願……。當大家感到消極時越會積極奮發，處於窮途末路時更會發揮實力的人。

後序

人的一生也許是一連串誤解與被誤解的連續。一般人都渴望獲得他人的理解，但多數卻無法適切地表達自己的眞意。從這一點看來，有些人不知該如何去信賴他人而感到不安甚至覺得絕望。但現實社會即使是一連串的誤解與不幸，我們仍然要一步步地走過自己的人生。

處於現今社會，我們無法像道貌岸然的仙人、詩人捨棄紅塵隱世遁居。即使無法適切地表達眞心或遭受誤解，仍然努力地尋求對方的理解或反覆下功夫、追求智慧、不懈努力，從中或許才能體驗人生眞正的喜悅。

二十世紀被認爲是心理學的時代來臨了。而今後心理學的目的，乃是在茫然不可知的人心中找出足以信憑的線索，或從信任他人的體驗中尋求喜悅的感受。

本書的目的乃是在高齡化、複雜化的時代中，尋求拉近人際間關係的夢想。

淺野八郎

大展出版社有限公司	圖書目錄
地址：台北市北投區11204 致遠一路二段12巷1號 郵撥： 0166955～1	電話：(02) 8236031 8236033 傳真：(02) 8272069

・法律專欄連載・電腦編號 58

台大法學院 法律學系／策劃 法律服務社／編著

①別讓您的權利睡著了[1]	200元
②別讓您的權利睡著了[2]	200元

・秘傳占卜系列・電腦編號 14

①手相術	淺野八郎著	150元
②人相術	淺野八郎著	150元
③西洋占星術	淺野八郎著	150元
④中國神奇占卜	淺野八郎著	150元
⑤夢判斷	淺野八郎著	150元
⑥前世、來世占卜	淺野八郎著	150元
⑦法國式血型學	淺野八郎著	150元
⑧靈感、符咒學	淺野八郎著	150元
⑨紙牌占卜學	淺野八郎著	150元
⑩ＥＳＰ超能力占卜	淺野八郎著	150元
⑪猶太數的秘術	淺野八郎著	150元
⑫新心理測驗	淺野八郎著	160元

・趣味心理講座・電腦編號 15

①性格測驗１	探索男與女	淺野八郎著	140元
②性格測驗２	透視人心奧秘	淺野八郎著	140元
③性格測驗３	發現陌生的自己	淺野八郎著	140元
④性格測驗４	發現你的真面目	淺野八郎著	140元
⑤性格測驗５	讓你們吃驚	淺野八郎著	140元
⑥性格測驗６	洞穿心理盲點	淺野八郎著	140元
⑦性格測驗７	探索對方心理	淺野八郎著	140元
⑧性格測驗８	由吃認識自己	淺野八郎著	140元
⑨性格測驗９	戀愛知多少	淺野八郎著	140元

⑩性格測驗10	由裝扮瞭解人心	淺野八郎著	140元
⑪性格測驗11	敲開內心玄機	淺野八郎著	140元
⑫性格測驗12	透視你的未來	淺野八郎著	140元
⑬血型與你的一生		淺野八郎著	160元
⑭趣味推理遊戲		淺野八郎著	160元
⑮行為語言解析		淺野八郎著	160元

・婦 幼 天 地・電腦編號 16

①八萬人減肥成果	黃靜香譯	180元
②三分鐘減肥體操	楊鴻儒譯	150元
③窈窕淑女美髮秘訣	柯素娥譯	130元
④使妳更迷人	成 玉譯	130元
⑤女性的更年期	官舒妍編譯	160元
⑥胎內育兒法	李玉瓊編譯	150元
⑦早產兒袋鼠式護理	唐岱蘭譯	200元
⑧初次懷孕與生產	婦幼天地編譯組	180元
⑨初次育兒12個月	婦幼天地編譯組	180元
⑩斷乳食與幼兒食	婦幼天地編譯組	180元
⑪培養幼兒能力與性向	婦幼天地編譯組	180元
⑫培養幼兒創造力的玩具與遊戲	婦幼天地編譯組	180元
⑬幼兒的症狀與疾病	婦幼天地編譯組	180元
⑭腿部苗條健美法	婦幼天地編譯組	150元
⑮女性腰痛別忽視	婦幼天地編譯組	150元
⑯舒展身心體操術	李玉瓊編譯	130元
⑰三分鐘臉部體操	趙薇妮著	160元
⑱生動的笑容表情術	趙薇妮著	160元
⑲心曠神怡減肥法	川津祐介著	130元
⑳內衣使妳更美麗	陳玄茹譯	130元
㉑瑜伽美姿美容	黃靜香編著	150元
㉒高雅女性裝扮學	陳珮玲譯	180元
㉓蠶糞肌膚美顏法	坂梨秀子著	160元
㉔認識妳的身體	李玉瓊譯	160元
㉕產後恢復苗條體態	居理安・芙萊喬著	200元
㉖正確護髮美容法	山崎伊久江著	180元
㉗安琪拉美姿養生學	安琪拉蘭斯博瑞著	180元
㉘女體性醫學剖析	增田豐著	220元
㉙懷孕與生產剖析	岡部綾子著	180元
㉚斷奶後的健康育兒	東城百合子著	220元
㉛引出孩子幹勁的責罵藝術	多湖輝著	170元
㉜培養孩子獨立的藝術	多湖輝著	170元

㉝子宮肌瘤與卵巢囊腫	陳秀琳編著	180元
㉞下半身減肥法	納他夏・史達賓著	180元
㉟女性自然美容法	吳雅菁編著	180元

・青春天地・電腦編號 17

①A血型與星座	柯素娥編譯	120元
②B血型與星座	柯素娥編譯	120元
③O血型與星座	柯素娥編譯	120元
④AB血型與星座	柯素娥編譯	120元
⑤青春期性教室	呂貴嵐編譯	130元
⑥事半功倍讀書法	王毅希編譯	150元
⑦難解數學破題	宋釗宜編譯	130元
⑧速算解題技巧	宋釗宜編譯	130元
⑨小論文寫作秘訣	林顯茂編譯	120元
⑪中學生野外遊戲	熊谷康編著	120元
⑫恐怖極短篇	柯素娥編譯	130元
⑬恐怖夜話	小毛驢編譯	130元
⑭恐怖幽默短篇	小毛驢編譯	120元
⑮黑色幽默短篇	小毛驢編譯	120元
⑯靈異怪談	小毛驢編譯	130元
⑰錯覺遊戲	小毛驢編譯	130元
⑱整人遊戲	小毛驢編著	150元
⑲有趣的超常識	柯素娥編譯	130元
⑳哦！原來如此	林慶旺編譯	130元
㉑趣味競賽100種	劉名揚編譯	120元
㉒數學謎題入門	宋釗宜編譯	150元
㉓數學謎題解析	宋釗宜編譯	150元
㉔透視男女心理	林慶旺編譯	120元
㉕少女情懷的自白	李桂蘭編譯	120元
㉖由兄弟姊妹看命運	李玉瓊編譯	130元
㉗趣味的科學魔術	林慶旺編譯	150元
㉘趣味的心理實驗室	李燕玲編譯	150元
㉙愛與性心理測驗	小毛驢編譯	130元
㉚刑案推理解謎	小毛驢編譯	130元
㉛偵探常識推理	小毛驢編譯	130元
㉜偵探常識解謎	小毛驢編譯	130元
㉝偵探推理遊戲	小毛驢編譯	130元
㉞趣味的超魔術	廖玉山編著	150元
㉟趣味的珍奇發明	柯素娥編著	150元
㊱登山用具與技巧	陳瑞菊編著	150元

・健康天地・電腦編號18

①壓力的預防與治療	柯素娥編譯	130元
②超科學氣的魔力	柯素娥編譯	130元
③尿療法治病的神奇	中尾良一著	130元
④鐵證如山的尿療法奇蹟	廖玉山譯	120元
⑤一日斷食健康法	葉慈容編譯	150元
⑥胃部強健法	陳炳崑譯	120元
⑦癌症早期檢查法	廖松濤譯	160元
⑧老人痴呆症防止法	柯素娥編譯	130元
⑨松葉汁健康飲料	陳麗芬編譯	130元
⑩揉肚臍健康法	永井秋夫著	150元
⑪過勞死、猝死的預防	卓秀貞編譯	130元
⑫高血壓治療與飲食	藤山順豐著	150元
⑬老人看護指南	柯素娥編譯	150元
⑭美容外科淺談	楊啟宏著	150元
⑮美容外科新境界	楊啟宏著	150元
⑯鹽是天然的醫生	西英司郎著	140元
⑰年輕十歲不是夢	梁瑞麟譯	200元
⑱茶料理治百病	桑野和民著	180元
⑲綠茶治病寶典	桑野和民著	150元
⑳杜仲茶養顏減肥法	西田博著	150元
㉑蜂膠驚人療效	瀨長良三郎著	150元
㉒蜂膠治百病	瀨長良三郎著	180元
㉓醫藥與生活	鄭炳全著	180元
㉔鈣長生寶典	落合敏著	180元
㉕大蒜長生寶典	木下繁太郎著	160元
㉖居家自我健康檢查	石川恭三著	160元
㉗永恒的健康人生	李秀鈴譯	200元
㉘大豆卵磷脂長生寶典	劉雪卿譯	150元
㉙芳香療法	梁艾琳譯	160元
㉚醋長生寶典	柯素娥譯	180元
㉛從星座透視健康	席拉・吉蒂斯著	180元
㉜愉悅自在保健學	野本二士夫著	160元
㉝裸睡健康法	丸山淳士等著	160元
㉞糖尿病預防與治療	藤田順豐著	180元
㉟維他命長生寶典	菅原明子著	180元
㊱維他命C新效果	鐘文訓編	150元
㊲手、腳病理按摩	堤芳郎著	160元
㊳AIDS瞭解與預防	彼得塔歇爾著	180元

㊴甲殼質殼聚糖健康法	沈永嘉譯	160元
㊵神經痛預防與治療	木下眞男著	160元
㊶室內身體鍛鍊法	陳炳崑編著	160元
㊷吃出健康藥膳	劉大器編著	180元
㊸自我指壓術	蘇燕謀編著	160元
㊹紅蘿蔔汁斷食療法	李玉瓊編著	150元
㊺洗心術健康秘法	竺翠萍編譯	170元
㊻枇杷葉健康療法	柯素娥編譯	180元
㊼抗衰血癒	楊啟宏著	180元
㊽與癌搏鬥記	逸見政孝著	180元
㊾冬蟲夏草長生寶典	高橋義博著	170元
㊿痔瘡・大腸疾病先端療法	宮島伸宜著	180元
51膠布治癒頑固慢性病	加瀨建造著	180元
52芝麻神奇健康法	小林貞作著	170元
53香煙能防止癡呆？	高田明和著	180元
54穀菜食治癌療法	佐藤成志著	180元

・實用女性學講座・電腦編號 19

①解讀女性內心世界	島田一男著	150元
②塑造成熟的女性	島田一男著	150元
③女性整體裝扮學	黃靜香編著	180元
④女性應對禮儀	黃靜香編著	180元

・校 園 系 列・電腦編號 20

①讀書集中術	多湖輝著	150元
②應考的訣竅	多湖輝著	150元
③輕鬆讀書贏得聯考	多湖輝著	150元
④讀書記憶秘訣	多湖輝著	150元
⑤視力恢復！超速讀術	江錦雲譯	180元
⑥讀書36計	黃柏松編著	180元
⑦驚人的速讀術	鐘文訓編著	170元

・實用心理學講座・電腦編號 21

①拆穿欺騙伎倆	多湖輝著	140元
②創造好構想	多湖輝著	140元
③面對面心理術	多湖輝著	160元
④僞裝心理術	多湖輝著	140元
⑤透視人性弱點	多湖輝著	140元

⑥自我表現術	多湖輝著	150元
⑦不可思議的人性心理	多湖輝著	150元
⑧催眠術入門	多湖輝著	150元
⑨責罵部屬的藝術	多湖輝著	150元
⑩精神力	多湖輝著	150元
⑪厚黑說服術	多湖輝著	150元
⑫集中力	多湖輝著	150元
⑬構想力	多湖輝著	150元
⑭深層心理術	多湖輝著	160元
⑮深層語言術	多湖輝著	160元
⑯深層說服術	多湖輝著	180元
⑰掌握潛在心理	多湖輝著	160元
⑱洞悉心理陷阱	多湖輝著	180元
⑲解讀金錢心理	多湖輝著	180元
⑳拆穿語言圈套	多湖輝著	180元
㉑語言的心理戰	多湖輝著	180元

・超現實心理講座・電腦編號 22

①超意識覺醒法	詹蔚芬編譯	130元
②護摩秘法與人生	劉名揚編譯	130元
③秘法！超級仙術入門	陸　明譯	150元
④給地球人的訊息	柯素娥編著	150元
⑤密教的神通力	劉名揚編著	130元
⑥神秘奇妙的世界	平川陽一著	180元
⑦地球文明的超革命	吳秋嬌譯	200元
⑧力量石的秘密	吳秋嬌譯	180元
⑨超能力的靈異世界	馬小莉譯	200元
⑩逃離地球毀滅的命運	吳秋嬌譯	200元
⑪宇宙與地球終結之謎	南山宏著	200元
⑫驚世奇功揭秘	傅起鳳著	200元
⑬啟發身心潛力心象訓練法	栗田昌裕著	180元
⑭仙道術遁甲法	高藤聰一郎著	220元
⑮神通力的秘密	中岡俊哉著	180元

・養 生 保 健・電腦編號 23

①醫療養生氣功	黃孝寬著	250元
②中國氣功圖譜	余功保著	230元
③少林醫療氣功精粹	井玉蘭著	250元
④龍形實用氣功	吳大才等著	220元

⑤魚戲增視強身氣功	宮　嬰著	220元
⑥嚴新氣功	前新培金著	250元
⑦道家玄牝氣功	張　章著	200元
⑧仙家秘傳袪病功	李遠國著	160元
⑨少林十大健身功	秦慶豐著	180元
⑩中國自控氣功	張明武著	250元
⑪醫療防癌氣功	黃孝寬著	250元
⑫醫療強身氣功	黃孝寬著	250元
⑬醫療點穴氣功	黃孝寬著	250元
⑭中國八卦如意功	趙維漢著	180元
⑮正宗馬禮堂養氣功	馬禮堂著	420元
⑯秘傳道家筋經內丹功	王慶餘著	280元
⑰三元開慧功	辛桂林著	250元
⑱防癌治癌新氣功	郭　林著	180元
⑲禪定與佛家氣功修煉	劉天君著	200元
⑳顛倒之術	梅自強著	元
㉑簡明氣功辭典	吳家駿編	元

•社會人智囊• 電腦編號24

①糾紛談判術	清水增三著	160元
②創造關鍵術	淺野八郎著	150元
③觀人術	淺野八郎著	180元
④應急詭辯術	廖英迪編著	160元
⑤天才家學習術	木原武一著	160元
⑥猫型狗式鑑人術	淺野八郎著	180元
⑦逆轉運掌握術	淺野八郎著	180元
⑧人際圓融術	澀谷昌三著	160元
⑨解讀人心術	淺野八郎著	180元
⑩與上司水乳交融術	秋元隆司著	180元
⑪男女心態定律	小田晉著	180元
⑫幽默說話術	林振輝編著	200元
⑬人能信賴幾分	淺野八郎著	180元
⑭我一定能成功	李玉瓊譯	元
⑮獻給青年的嘉言	陳蒼杰譯	元
⑯知人、知面、知其心	林振輝編著	元

•精 選 系 列• 電腦編號25

①毛澤東與鄧小平	渡邊利夫等著	280元
②中國大崩裂	江戶介雄著	180元

③台灣・亞洲奇蹟	上村幸治著	220元
④7-ELEVEN高盈收策略	國友隆一著	180元
⑤台灣獨立	森　詠著	200元
⑥迷失中國的末路	江戶雄介著	220元
⑦2000年5月全世界毀滅	紫藤甲子男著	180元

・運動遊戲・電腦編號 26

①雙人運動	李玉瓊譯	160元
②愉快的跳繩運動	廖玉山譯	180元
③運動會項目精選	王佑京譯	150元
④肋木運動	廖玉山譯	150元
⑤測力運動	王佑宗譯	150元

・銀髮族智慧學・電腦編號 28

①銀髮六十樂逍遙	多湖輝著	170元
②人生六十反年輕	多湖輝著	170元
③六十歲的決斷	多湖輝著	170元

・心靈雅集・電腦編號 00

①禪言佛語看人生	松濤弘道著	180元
②禪密教的奧秘	葉逯謙譯	120元
③觀音大法力	田口日勝著	120元
④觀音法力的大功德	田口日勝著	120元
⑤達摩禪106智慧	劉華亭編譯	150元
⑥有趣的佛教研究	葉逯謙編譯	120元
⑦夢的開運法	蕭京凌譯	130元
⑧禪學智慧	柯素娥編譯	130元
⑨女性佛教入門	許俐萍譯	110元
⑩佛像小百科	心靈雅集編譯組	130元
⑪佛教小百科趣談	心靈雅集編譯組	120元
⑫佛教小百科漫談	心靈雅集編譯組	150元
⑬佛教知識小百科	心靈雅集編譯組	150元
⑭佛學名言智慧	松濤弘道著	220元
⑮釋迦名言智慧	松濤弘道著	220元
⑯活人禪	平田精耕著	120元
⑰坐禪入門	柯素娥編譯	150元
⑱現代禪悟	柯素娥編譯	130元
⑲道元禪師語錄	心靈雅集編譯組	130元

⑳佛學經典指南	心靈雅集編譯組	130元
㉑何謂「生」　阿含經	心靈雅集編譯組	150元
㉒一切皆空　般若心經	心靈雅集編譯組	150元
㉓超越迷惘　法句經	心靈雅集編譯組	130元
㉔開拓宇宙觀　華嚴經	心靈雅集編譯組	130元
㉕真實之道　法華經	心靈雅集編譯組	130元
㉖自由自在　涅槃經	心靈雅集編譯組	130元
㉗沈默的教示　維摩經	心靈雅集編譯組	150元
㉘開通心眼　佛語佛戒	心靈雅集編譯組	130元
㉙揭秘寶庫　密教經典	心靈雅集編譯組	130元
㉚坐禪與養生	廖松濤譯	110元
㉛釋尊十戒	柯素娥編譯	120元
㉜佛法與神通	劉欣如編著	120元
㉝悟（正法眼藏的世界）	柯素娥編譯	120元
㉞只管打坐	劉欣如編著	120元
㉟喬答摩・佛陀傳	劉欣如編著	120元
㊱唐玄奘留學記	劉欣如編著	120元
㊲佛教的人生觀	劉欣如編譯	110元
㊳無門關（上卷）	心靈雅集編譯組	150元
㊴無門關（下卷）	心靈雅集編譯組	150元
㊵業的思想	劉欣如編著	130元
㊶佛法難學嗎	劉欣如著	140元
㊷佛法實用嗎	劉欣如著	140元
㊸佛法殊勝嗎	劉欣如著	140元
㊹因果報應法則	李常傳編	140元
㊺佛教醫學的奧秘	劉欣如編著	150元
㊻紅塵絕唱	海　若著	130元
㊼佛教生活風情	洪丕謨、姜玉珍著	220元
㊽行住坐臥有佛法	劉欣如著	160元
㊾起心動念是佛法	劉欣如著	160元
㊿四字禪語	曹洞宗青年會	200元
51妙法蓮華經	劉欣如編著	160元
52根本佛教與大乘佛教	葉作森編	180元

・經　營　管　理・電腦編號01

◎創新經營管理六十六大計（精）	蔡弘文編	780元
①如何獲取生意情報	蘇燕謀譯	110元
②經濟常識問答	蘇燕謀譯	130元
④台灣商戰風雲錄	陳中雄著	120元
⑤推銷大王秘錄	原一平著	180元

⑥新創意・賺大錢	王家成譯	90元
⑦工廠管理新手法	琪　輝著	120元
⑨經營參謀	柯順隆譯	120元
⑩美國實業24小時	柯順隆譯	80元
⑪撼動人心的推銷法	原一平著	150元
⑫高竿經營法	蔡弘文編	120元
⑬如何掌握顧客	柯順隆譯	150元
⑭一等一賺錢策略	蔡弘文編	120元
⑯成功經營妙方	鐘文訓著	120元
⑰一流的管理	蔡弘文編	150元
⑱外國人看中韓經濟	劉華亭譯	150元
⑳突破商場人際學	林振輝編著	90元
㉑無中生有術	琪輝編著	140元
㉒如何使女人打開錢包	林振輝編著	100元
㉓操縱上司術	邑井操著	90元
㉔小公司經營策略	王嘉誠著	160元
㉕成功的會議技巧	鐘文訓編譯	100元
㉖新時代老闆學	黃柏松編著	100元
㉗如何創造商場智囊團	林振輝編譯	150元
㉘十分鐘推銷術	林振輝編譯	180元
㉙五分鐘育才	黃柏松編譯	100元
㉚成功商場戰術	陸明編譯	100元
㉛商場談話技巧	劉華亭編譯	120元
㉜企業帝王學	鐘文訓譯	90元
㉝自我經濟學	廖松濤編譯	100元
㉞一流的經營	陶田生編著	120元
㉟女性職員管理術	王昭國編譯	120元
㊱ＩＢＭ的人事管理	鐘文訓編譯	150元
㊲現代電腦常識	王昭國編譯	150元
㊳電腦管理的危機	鐘文訓編譯	120元
㊴如何發揮廣告效果	王昭國編譯	150元
㊵最新管理技巧	王昭國編譯	150元
㊶一流推銷術	廖松濤編譯	150元
㊷包裝與促銷技巧	王昭國編譯	130元
㊸企業王國指揮塔	松下幸之助著	120元
㊹企業精銳兵團	松下幸之助著	120元
㊺企業人事管理	松下幸之助著	100元
㊻華僑經商致富術	廖松濤編譯	130元
㊼豐田式銷售技巧	廖松濤編譯	180元
㊽如何掌握銷售技巧	王昭國編著	130元
㊿洞燭機先的經營	鐘文訓編譯	150元

㊾新世紀的服務業	鐘文訓編譯	100元
㊿成功的領導者	廖松濤編譯	120元
54女推銷員成功術	李玉瓊編譯	130元
55ＩＢＭ人才培育術	鐘文訓編譯	100元
56企業人自我突破法	黃琪輝編著	150元
58財富開發術	蔡弘文編著	130元
59成功的店舖設計	鐘文訓編著	150元
61企管回春法	蔡弘文編著	130元
62小企業經營指南	鐘文訓編譯	100元
63商場致勝名言	鐘文訓編譯	150元
64迎接商業新時代	廖松濤編譯	100元
66新手股票投資入門	何朝乾 編	180元
67上揚股與下跌股	何朝乾編譯	180元
68股票速成學	何朝乾編譯	200元
69理財與股票投資策略	黃俊豪編著	180元
70黃金投資策略	黃俊豪編著	180元
71厚黑管理學	廖松濤編譯	180元
72股市致勝格言	呂梅莎編譯	180元
73透視西武集團	林谷燁編譯	150元
76巡迴行銷術	陳蒼杰譯	150元
77推銷的魔術	王嘉誠譯	120元
78 60秒指導部屬	周蓮芬編譯	150元
79精銳女推銷員特訓	李玉瓊編譯	130元
80企劃、提案、報告圖表的技巧	鄭 汶 譯	180元
81海外不動產投資	許達守編譯	150元
82八百件的世界策略	李玉瓊譯	150元
83服務業品質管理	吳宜芬譯	180元
84零庫存銷售	黃東謙編譯	150元
85三分鐘推銷管理	劉名揚編譯	150元
86推銷大王奮鬥史	原一平著	150元
87豐田汽車的生產管理	林谷燁編譯	150元

・成 功 寶 庫・電腦編號 02

①上班族交際術	江森滋著	100元
②拍馬屁訣竅	廖玉山編譯	110元
④聽話的藝術	歐陽輝編譯	110元
⑨求職轉業成功術	陳 義編著	110元
⑩上班族禮儀	廖玉山編著	120元
⑪接近心理學	李玉瓊編著	100元
⑫創造自信的新人生	廖松濤編著	120元

⑭上班族如何出人頭地	廖松濤編著	100元
⑮神奇瞬間瞑想法	廖松濤編譯	100元
⑯人生成功之鑰	楊意苓編著	150元
⑲給企業人的諍言	鐘文訓編著	120元
⑳企業家自律訓練法	陳　義編譯	100元
㉑上班族妖怪學	廖松濤編著	100元
㉒猶太人縱橫世界的奇蹟	孟佑政編著	110元
㉓訪問推銷術	黃静香編著	130元
㉕你是上班族中強者	嚴思圖編著	100元
㉖向失敗挑戰	黃静香編著	100元
㉙機智應對術	李玉瓊編著	130元
㉚成功頓悟100則	蕭京凌編譯	130元
㉛掌握好運100則	蕭京凌編譯	110元
㉜知性幽默	李玉瓊編譯	130元
㉝熟記對方絕招	黃静香編譯	100元
㉞男性成功秘訣	陳蒼杰編譯	130元
㊱業務員成功秘方	李玉瓊編著	120元
㊲察言觀色的技巧	劉華亭編著	130元
㊳一流領導力	施義彥編譯	120元
㊴一流說服力	李玉瓊編著	130元
㊵30秒鐘推銷術	廖松濤編譯	150元
㊶猶太成功商法	周蓮芬編譯	120元
㊷尖端時代行銷策略	陳蒼杰編著	100元
㊸顧客管理學	廖松濤編著	100元
㊹如何使對方說Yes	程　義編著	150元
㊺如何提高工作效率	劉華亭編著	150元
㊼上班族口才學	楊鴻儒譯	120元
㊽上班族新鮮人須知	程　義編著	120元
㊾如何左右逢源	程　義編著	130元
㊿語言的心理戰	多湖輝著	130元
51扣人心弦演說術	劉名揚編著	120元
53如何增進記憶力、集中力	廖松濤譯	130元
55性惡企業管理學	陳蒼杰譯	130元
56自我啟發200招	楊鴻儒編著	150元
57做個傑出女職員	劉名揚編著	130元
58靈活的集團營運術	楊鴻儒編著	120元
60個案研究活用法	楊鴻儒編著	130元
61企業教育訓練遊戲	楊鴻儒編著	120元
62管理者的智慧	程　義編譯	130元
63做個佼佼管理者	馬筱莉編譯	130元
64智慧型說話技巧	沈永嘉編譯	130元

⑯活用佛學於經營	松濤弘道著	150元
⑰活用禪學於企業	柯素娥編譯	130元
⑱詭辯的智慧	沈永嘉編譯	150元
⑲幽默詭辯術	廖玉山編譯	150元
⑳拿破崙智慧箴言	柯素娥編譯	130元
㉑自我培育‧超越	蕭京凌編譯	150元
㉔時間即一切	沈永嘉編譯	130元
㉕自我脫胎換骨	柯素娥譯	150元
㉖贏在起跑點—人才培育鐵則	楊鴻儒編譯	150元
㉗做一枚活棋	李玉瓊編譯	130元
㉘面試成功戰略	柯素娥編譯	130元
㉙自我介紹與社交禮儀	柯素娥編譯	150元
㉚說NO的技巧	廖玉山編譯	130元
㉛瞬間攻破心防法	廖玉山編譯	120元
㉜改變一生的名言	李玉瓊編譯	130元
㉝性格性向創前程	楊鴻儒編譯	130元
㉞訪問行銷新竅門	廖玉山編譯	150元
㉟無所不達的推銷話術	李玉瓊編譯	150元

•處 世 智 慧•電腦編號 03

①如何改變你自己	陸明編譯	120元
④幽默說話術	林振輝編譯	120元
⑤讀書36計	黃柏松編譯	120元
⑥靈感成功術	譚繼山編譯	80元
⑧扭轉一生的五分鐘	黃柏松編譯	100元
⑨知人、知面、知其心	林振輝譯	110元
⑩現代人的詭計	林振輝譯	100元
⑫如何利用你的時間	蘇遠謀譯	80元
⑬口才必勝術	黃柏松編譯	120元
⑭女性的智慧	譚繼山編譯	90元
⑮如何突破孤獨	張文志編譯	80元
⑯人生的體驗	陸明編譯	80元
⑰微笑社交術	張芳明譯	90元
⑱幽默吹牛術	金子登著	90元
⑲攻心說服術	多湖輝著	100元
⑳當機立斷	陸明編譯	70元
㉑勝利者的戰略	宋恩臨編譯	80元
㉒如何交朋友	安紀芳編著	70元
㉓鬥智奇謀（諸葛孔明兵法）	陳炳崑著	70元
㉔慧心良言	亦　奇著	80元

㉕名家慧語	蔡逸鴻主編	90元
㉗稱霸者啟示金言	黃柏松編譯	90元
㉘如何發揮你的潛能	陸明編譯	90元
㉙女人身態語言學	李常傳譯	130元
㉚摸透女人心	張文志譯	90元
㉛現代戀愛秘訣	王家成譯	70元
㉜給女人的悄悄話	妮倩編譯	90元
㉞如何開拓快樂人生	陸明編譯	90元
㉟驚人時間活用法	鐘文訓譯	80元
㊱成功的捷徑	鐘文訓譯	70元
㊲幽默逗笑術	林振輝著	120元
㊳活用血型讀書法	陳炳崑譯	80元
㊴心　燈	葉于模著	100元
㊵當心受騙	林顯茂譯	90元
㊶心・體・命運	蘇燕謀譯	70元
㊷如何使頭腦更敏銳	陸明編譯	70元
㊸宮本武藏五輪書金言錄	宮本武藏著	100元
㊺勇者的智慧	黃柏松編譯	80元
㊼成熟的愛	林振輝譯	120元
㊽現代女性駕馭術	蔡德華著	90元
㊾禁忌遊戲	酒井潔著	90元
52摸透男人心	劉華亭編譯	80元
53如何達成願望	謝世輝著	90元
54創造奇蹟的「想念法」	謝世輝著	90元
55創造成功奇蹟	謝世輝著	90元
56男女幽默趣典	劉華亭譯	90元
57幻想與成功	廖松濤譯	80元
58反派角色的啟示	廖松濤編譯	70元
59現代女性須知	劉華亭編著	75元
61機智說話術	劉華亭編譯	100元
62如何突破內向	姜倩怡編譯	110元
64讀心術入門	王家成編譯	100元
65如何解除內心壓力	林美羽編著	110元
66取信於人的技巧	多湖輝著	110元
67如何培養堅強的自我	林美羽編著	90元
68自我能力的開拓	卓一凡編著	110元
70縱橫交涉術	嚴思圖編著	90元
71如何培養妳的魅力	劉文珊編著	90元
72魅力的力量	姜倩怡編著	90元
73金錢心理學	多湖輝著	100元
74語言的圈套	多湖輝著	110元

⑮個性膽怯者的成功術	廖松濤編譯	100元
⑯人性的光輝	文可式編著	90元
⑲培養靈敏頭腦秘訣	廖玉山編著	90元
⑳夜晚心理術	鄭秀美編譯	80元
㉑如何做個成熟的女性	李玉瓊編著	80元
㉒現代女性成功術	劉文珊編著	90元
㉓成功說話技巧	梁惠珠編譯	100元
㉔人生的真諦	鐘文訓編譯	100元
㉕妳是人見人愛的女孩	廖松濤編著	120元
㉗指尖・頭腦體操	蕭京凌編譯	90元
㉘電話應對禮儀	蕭京凌編著	120元
㉙自我表現的威力	廖松濤編譯	100元
㉚名人名語啟示錄	喬家楓編著	100元
㉛男與女的哲思	程鐘梅編譯	110元
㉜靈思慧語	牧　風著	110元
㉝心靈夜語	牧　風著	100元
㉞激盪腦力訓練	廖松濤編譯	100元
㉟三分鐘頭腦活性法	廖玉山編譯	110元
㊱星期一的智慧	廖玉山編譯	100元
㊲溝通說服術	賴文琇編譯	100元
㊳超速讀超記憶法	廖松濤編譯	140元

・健康與美容・電腦編號 04

①B型肝炎預防與治療	曾慧琪譯	130元
③媚酒傳（中國王朝秘酒）	陸明主編	120元
④藥酒與健康果菜汁	成玉主編	150元
⑤中國回春健康術	蔡一藩著	100元
⑥奇蹟的斷食療法	蘇燕謀譯	110元
⑧健美食物法	陳炳崑譯	120元
⑨驚異的漢方療法	唐龍編著	90元
⑩不老強精食	唐龍編著	100元
⑫五分鐘跳繩健身法	蘇明達譯	100元
⑬睡眠健康法	王家成譯	80元
⑭你就是名醫	張芳明譯	90元
⑮如何保護你的眼睛	蘇燕謀譯	70元
⑲釋迦長壽健康法	譚繼山譯	90元
⑳腳部按摩健康法	譚繼山譯	120元
㉑自律健康法	蘇明達譯	90元
㉓身心保健座右銘	張仁福著	160元
㉔腦中風家庭看護與運動治療	林振輝譯	100元

㉕秘傳醫學人相術	成玉主編	120元
㉖導引術入門⑴治療慢性病	成玉主編	110元
㉗導引術入門⑵健康・美容	成玉主編	110元
㉘導引術入門⑶身心健康法	成玉主編	110元
㉙妙用靈藥・蘆薈	李常傳譯	150元
㉚萬病回春百科	吳通華著	150元
㉛初次懷孕的10個月	成玉編譯	130元
㉜中國秘傳氣功治百病	陳炳崑編譯	130元
㉟仙人長生不老學	陸明編譯	100元
㊱釋迦秘傳米粒刺激法	鐘文訓譯	120元
㊲痔・治療與預防	陸明編譯	130元
㊳自我防身絕技	陳炳崑編譯	120元
㊴運動不足時疲勞消除法	廖松濤譯	110元
㊵三溫暖健康法	鐘文訓編譯	90元
㊸維他命與健康	鐘文訓譯	150元
㊺森林浴—綠的健康法	劉華亭編譯	80元
㊼導引術入門⑷酒浴健康法	成玉主編	90元
㊽導引術入門⑸不老回春法	成玉主編	90元
㊾山白竹（劍竹）健康法	鐘文訓譯	90元
㊿解救你的心臟	鐘文訓編譯	100元
51牙齒保健法	廖玉山譯	90元
52超人氣功法	陸明編譯	110元
54借力的奇蹟⑴	力拔山著	100元
55借力的奇蹟⑵	力拔山著	100元
56五分鐘小睡健康法	呂添發撰	120元
57禿髮、白髮預防與治療	陳炳崑撰	120元
59艾草健康法	張汝明編譯	90元
60一分鐘健康診斷	蕭京凌編譯	90元
61念術入門	黃靜香編譯	90元
62念術健康法	黃靜香編譯	90元
63健身回春法	梁惠珠編譯	100元
64姿勢養生法	黃秀娟編譯	90元
65仙人瞑想法	鐘文訓譯	120元
66人蔘的神效	林慶旺譯	100元
67奇穴治百病	吳通華著	120元
68中國傳統健康法	靳海東著	100元
69下半身減肥法	納他夏・史達賓著	110元
70使妳的肌膚更亮麗	楊　皓編譯	100元
71酵素健康法	楊　皓編譯	120元
73腰痛預防與治療	五味雅吉著	100元
74如何預防心臟病・腦中風	譚定長等著	100元

國家圖書館出版品預行編目資料

人能信賴幾分？／淺野八郎著；李玉瓊譯
－－初版－－臺北市；大展．民85
面；　　公分，－（社會人智囊；13）
譯自：人はどこまで信用できる？
ISBN　957-557-625-X（平裝）

1. 應用心理學

177　　85007472

本書原名：人はどこまで信用できる？
著　　者：淺野八郎
© Hachirou Asano
原發行所：青春出版社
仲介代理：京王文化事業有限公司

ISBN 957-557-625-x

人能信賴幾分？

原著者／淺野八郎
編譯者／李玉瓊
發行人／蔡森明
出版者／大展出版社有限公司
社址／台北市北投區（石牌）致遠一路二段12巷1號
電話／(02) 8236031・8236033
傳眞／(02) 8272069
郵政劃撥／0166955－1
登記證／局版臺業字第2171號
承印者／高星企業有限公司
裝訂／日新裝訂所
排版者／千賓電腦打字有限公司
電話／（02）8836052
初版／1996年（民85年）9月
定價／180元

大展好書 好書大展

大展好書 好書大展